저학년부터 시작하는 **쉽고 재미있는 최신 시사상식**

초등
신문 읽기

환경·국제

양춘미(THE배우다 대표) 지음

KB210229

서사원주니어

TV를 과감하게 없앴습니다. 아들이 서너 살이 될 무렵이었어요. 아이의 TV 노출을 줄이 겠다는 다짐 너머에는 북카페 같은 거실을 만들고 싶다는 저만의 로망이 있었습니다. 주말 마다 〈무한도전〉이나 〈1박2일〉을 보며 더 이상 웃지 못했지만, 전혀 아쉽지 않았습니다. 우 리 가족은 주말마다 공원이나 캠핑장으로 향했고, 여가가 생길 때마다 책을 읽거나 레고를 조립하며 TV 없는 일상을 제법 즐기고 있었거든요.

그런데 말이죠. 아이가 초등 입학을 하고 나니 TV가 없다는 현실이 아쉽기 시작했습니다. 튀르키예는 대지진으로 인해 어떻게 됐는지, 몰디브는 왜 인공 섬을 만들고 있는지, 꿀벌이 왜 사라지고 있는지 등의 뉴스를 접할 길이 없더라고요. 물론 마음만 먹으면 태블릿이나 컴 퓨터를 이용해 보여줄 수는 있었겠지요. 하지만 세상에는 아이에게 들려주고 싶지 않은 무 서운 소식들(살인, 자살, 살해, 성폭력 등등)이 더 많으니까요. 이런 뉴스가 무분별하게 아이 에게 전달되는 것 또한 막고 싶었습니다. 그래서 선택한 것이 신문이었어요.

처음에는 유명 일간지와 그에 딸린 어린이 신문을 구독했습니다. 어린이 신문을 제가 먼 저 읽어본 후, 아이가 읽었으면 하는 기사를 잘라 신문 스크랩 노트에 붙이고 이야기 나누 었어요. 뿌듯했습니다. 아이와 이런 시사 내용을 토대로 이야기를 나누다니! 아이의 문해력 을 쑥쑥 키우는 훌륭한 엄마가 된 것 같았어요. 하지만 그런 뿌듯함은 며칠 가지 못했어요.

분명 어린이 신문인데, 어려운 한자어가 너무나 많이 등장했습니다. 모르는 낱말을 설명 해주다가 진이 빠지곤 했습니다. 한 문장 한 문장 독해하다가 전체적인 문맥을 놓치는 느 낌이었어요. 어떤 기사는 아이가 읽기에 분량이 과다했습니다. 또 어떤 기사는 성인 신문의 기사 내용을 그저 줄여놓기만 해서 단순한 정보 때문에 읽고 나서도 답답했습니다. 점점 갈 수록 기성 신문의 한계를 느끼고 있었습니다.

저는 출판사에서 꽤 긴 시간 일했습니다. 출판사 에디터에게 '신문사에 보내는 보도자료 쓰기'는 매우 중요한 업무 중 하나입니다. 저는 팀장으로 일했으니 담당 편집한 책의 보도 자료 작성 외에도 팀원들의 보도자료까지 숱하게 읽고 수정했습니다. (네, 맞습니다. 신문 에는 기자들이 취재를 통해 쓰는 기획기사도 있지만, 관공서나 기타 기관에서 보내는 보도 자료를 토대로 쓴 기사도 있습니다.) 신문 스크랩에 지쳐갈 무렵 '그냥 내가 써버릴까?' 스 멀스멀 이런 생각이 들더군요. 그리하여 보도자료 출처를 찾아 초등 저학년 아이들도 쉽게 이해할 수 있도록 각색하여 기사를 쓰기 시작했습니다.

‘우다다뉴스’는 이런 과정을 통해 만들어졌습니다.

처음에는 저희 아들만 읽고 쓰고 했습니다. 아들을 위해 만든 신문이었으니까요. 만들다 보니 욕심이 생기더라고요. 좀 더 이해하기 쉽도록 손수 그림을 그려 넣고, 도움이 될 만한 영상도 찾게 되고, 도표도 만들고요. 애써 만든 자료가 아까워서 친구네 선물했더니 반응이 대단했습니다. 단순히 생각 글쓰기나 시사상식만 담은 게 아니라 수학, 역사, 과학 등 광범위한 영역을 다루고 있는 어린이 신문이라고 칭찬 일색이더군요. 그때 용기가 생겼습니다. ‘세상에 내놓아도 되겠다!’ 그렇게 ‘우다다뉴스’는 매주 화요일마다 PDF 형태의 온라인 신문으로 발행되고 있습니다. 벌써 3년째입니다. (참고로 ‘우다다’는 제가 운영하고 있는 어린이 교육 콘텐츠 회사 ‘THE배우다’의 알파카 캐릭터 이름입니다.)

이제 우다다뉴스를 책의 형태로 세상에 내보냅니다. ‘환경 · 국제’, ‘생태 · 사회’, 'IT과학 · 문화예술’ 등 영역별로 나눠 한 권 한 권에 담았습니다. 아이들이 알아두면 좋을 뉴스를 선별하여 좀 더 말끔하게 다듬었고, 관련 책이나 정보를 추가하였습니다. 책으로 엮은 우다다뉴스의 매력에 우리 아이들뿐만 아니라 부모님들도 흠뻑 빠져들기 바랍니다.

세상에서 일어나는 수많은 일들은 외워야 하는 것도 아니고, 정답이 있는 것도 아닙니다. 공부해야 할 무언가는 더더욱 아니지요. 여러 사건들을 통해 ‘나만의 생각’을 가져보는 것! 이것만으로 우리 아이들에게는 충분합니다. 아이들의 답변이 어설프고 엉뚱해도 괜찮습니다. 그때만이 가질 수 있는 ‘귀여운 생각’들이 훗날 ‘깊은 사고’, ‘넓은 시야’, ‘다양한 감정’의 씨앗이 될 것입니다.

우다다뉴스를 책으로 만들자는 근사한 제안을 해주신 서사원 장선희 대표님, 진심으로 고맙습니다. 애정과 열정으로 제 원고를 편집해준 강교리 에디터님을 비롯하여 저의 활동을 무한히 응원해주는 THE배우다 멤버들에게도 고맙다는 말 전합니다. 우다다뉴스의 근간이 되었던 아들 코타에게 사랑한다는 말을 전하며 책을 마무리합니다.

2023년 12월

THE배우다 대표 **양춘미**

이렇게 활용하세요

신문 기사

초등학생이 꼭 알아야 할 최신 뉴스를 엄선해 이해하기 쉬운 어휘로 풀어 썼습니다. 부담 없는 분량과 흥미로운 주제로 아이 혼자서도 충분히 읽어낼 수 있어요. 소리내어 읽은 후 기사의 난이도를 표시하고, 모르는 낱말을 적어보세요. 모든 활동을 마치고 난 뒤에 새롭게 알게 된 낱말을 다시 확인해볼 수 있습니다.

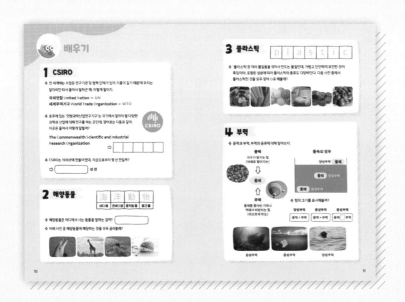

배우기

기사 내용을 이해하기 위해 알아두면 좋은 배경 지식을 담았습니다. 정치, 경제, 사회, 과학, 수학 등 다양한 분야의 지식은 물론, 기사 속 용어의 어원과 쓰임새, 파생어, 한자와 영어 표기법까지 전 교과 학습 능력과 어휘력을 키울 수 있도록 구성했습니다. 아이 눈높이에 맞춘 따라 쓰기, 선 잇기, 색칠하기, 그리기 등의 활동으로 재미있게 학습해보세요.

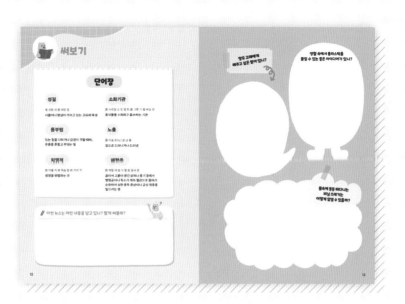

써보기

꼭 알아두어야 할 낱말을 단어장으로 정리했습니다. 기사를 완전히 이해했는지 확인하기 위해 내용을 간단히 요약해보고, 나아가 기사를 읽고 든 생각을 글로 표현하는 연습을 합니다. '기사 속 인물이 왜 그랬을까?' 하는 논리적 추론부터 '나라면 어떻게 했을까?' 하는 창의적 사고까지, 논술의 기초가 되는 다양한 토론 주제로 글쓰기와 함께 풍부한 이야기를 나눠보세요.

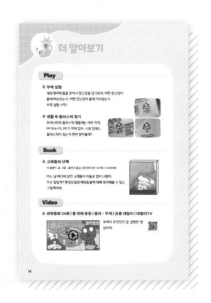

더 알아보기

함께 읽거나 보면 좋을 책, 영화 등 기사 내용과 연계된 양질의 콘텐츠를 소개합니다. 또 주제와 관련된 유튜브 영상, 집에서 직접 해볼 수 있는 활동 등을 QR코드를 활용해 바로 볼 수 있습니다. 다양한 시청각 자료로 한층 더 생생하고 깊이 있게 기사 내용을 접하며 아이가 관심 있어 하는 분야가 무엇인지 체크해보세요.

목차

재미있는 신문 읽기,
같이 시작해볼까?

'배우기' 예시 답안은
여기서 확인할 수 있어!

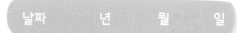

해양동물은 비닐이 싫어요

호주의 한 연구기관(CSIRO)이 해양동물의 죽음과 플라스틱의 관계에 대한 연구 결과를 발표했습니다. 자료에 따르면 해양동물을 죽음에 이르게 하는 가장 큰 원인은 플라스틱 쓰레기입니다. 특히 부드러운 성질을 가진 플라스틱인 풍선, 비닐봉지, 시트지, 필름 등이 가장 치명적입니다.

죽은 해양동물 중 향유고래의 배 속에서는 135가지의 플라스틱이 발견되었는데, 대부분이 비닐봉지였습니다. 비닐은 중성부력을 가지고 있어 수면 위로 떠오르지도 않고 바다 밑바닥에 가라앉지도 않은 채 물속을 둥둥 떠다닙니다. 이를 먹이인 줄 알고 삼킨 고래는 소화기관이 막혀서 서서히 죽어가고, 그 고통으로 몸부림치다가 배와 부딪치는 일도 있습니다.

바다거북이나 물개, 바닷새 등도 플라스틱의 위험에 노출되어 있습니다. 아주 작은 플라스틱 조각도 치명적일 수 있습니다. 몸속으로 들어가 내장 벽을 뚫거나 패혈증을 일으킬 수 있기 때문입니다. 코로나19로 인해 세계적으로 비닐장갑, 일회용 마스크 등의 플라스틱 사용이 늘어난 최근, 해양동물들에게 더욱 위험한 환경이 만들어지고 있습니다.

© CSIRO

모르는 낱말 적기

활동을 끝낸 뒤, 알게 된 낱말에 ○표 해보자!

- [ ] [ ] [ ]
- [ ] [ ] [ ]
- [ ] [ ] [ ]

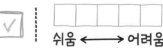
♦ 소리내어 읽었나요? ☑

쉬움 ←——→ 어려움

배우기

1 CSIRO

✧ 전 세계에는 수많은 연구기관 및 협력 단체가 있어. 이름이 길기 때문에 우리는 앞자리만 따서 줄여서 말하곤 해. 이렇게 말이지.

국제연합 United Nation ➡ UN
세계무역기구 World Trade Organization ➡ WTO

✧ 호주에 있는 '연방과학산업연구기구'는 국가에서 알아야 할 다양한 과학과 산업에 대해 연구를 하는 곳인데, 영어로는 다음과 같아. 이곳은 줄여서 어떻게 말할까?

The Commonwealth Scientific and Industrial Research Organization

⇨ | | | | | |
|---|---|---|---|---|

✧ CSIRO는 1916년에 만들어졌대. 지금으로부터 몇 년 전일까?

⇨ [   ] 년 전

2 해양동물

海	洋	動	物
바다 해	큰바다 양	움직일 동	물건 물

✧ 해양동물은 어디에서 사는 동물을 말하는 걸까? [   ]

✧ 아래 사진 중 해양동물에 해당하는 것을 모두 골라볼래?

3 플라스틱

❖ '플라스틱'은 여러 물질들을 섞어서 만드는 물질인데, 가볍고 단단하며 유연한 것이
특징이야. 포함된 성분에 따라 플라스틱의 종류도 다양하단다. 다음 사진 중에서
플라스틱인 것을 모두 찾아 ○표 해볼래?

4 부력

❖ 중력과 부력, 부력의 종류에 대해 알아보자.

중력

지구가 당기는 힘
(아래로 떨어지는)

⬇

물체

⬆

부력

물체를 둘러싼 기체나
액체가 떠받치는 힘
(떠오르게 하는)

물속의 경우

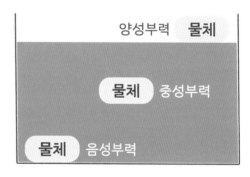

❖ 힘의 크기를 표시해볼까?

양성부력	중성부력	음성부력
중력 < 부력	중력 = 부력	중력 ☐ 부력

양성부력

중성부력

음성부력

써보기

단어장

성질

性 성품 성 質 바탕 질
사물이나 현상이 가지고 있는 고유의 특성

소화기관

消 사라질 소 化 될 화 器 그릇 기 官 벼슬 관
음식물을 소화하고 흡수하는 기관

몸부림

있는 힘을 다하거나 감정이 격할 때에,
온몸을 흔들고 부딪는 일

노출

露 이슬 로(노) 出 날 출
겉으로 드러나거나 드러냄

치명적

致 이를 치 命 목숨 명 的 과녁 적
생명을 위협하는 것

패혈증

敗 패할 패 血 피 혈 症 증세 증
곪아서 고름이 생긴 상처나 종기 등에서
병원균이나 독소가 계속 혈관으로 들어가
순환하여 심한 중독 증상이나 급성 염증을
일으키는 병

 이번 뉴스는 어떤 내용을 담고 있니? 짧게 써볼래?

향유 고래에게
해주고 싶은 말이 있니?

생활 속에서 플라스틱을
줄일 수 있는 좋은 아이디어가 있니?

물속에 둥둥 떠다니는
비닐 쓰레기는
어떻게 없앨 수 있을까?

더 알아보기

Play

◇ **부력 실험**

세숫대야에 물을 받아서 장난감을 담가보자. 어떤 장난감이
물에 떠오르는지, 어떤 장난감이 물에 가라앉는지
부력 실험 시작!

◇ **생활 속 플라스틱 찾기**

우리나라의 플라스틱 제품에는 아주 작게
PP 또는 PS, PE가 적혀 있어. 너희 집에도
플라스틱이 있는지 한번 찾아볼래?

Book

◇ **고래들의 산책**

닉 블랜드 글·그림 | 홍연미 옮김 | 웅진주니어 | 40쪽 | 14,000원

어느 날 바다에 살던 고래들이 마을로 걸어 나왔어.
무슨 일일까? 환경오염과 해양동물에 대해 생각해볼 수 있는
그림책이야.

Video

◇ **물 위에 둥둥 | 물리 – 부력 | 공룡 대발이**

부력이 무엇인지 잘 설명한
영상이야.

너무 추워서 기절한 바다거북

미국 텍사스주 해변가에서 바다거북 약 4,500 마리가 기절한 채로 발견되었습니다. 텍사스주는 겨울에도 영상 10도 이상의 기온을 유지합니다. 그래서 일 년 내내 따뜻한 텍사스주 해변에는 바다거북이 많이 삽니다.

그러나 2021년 2월, 갑작스러운 기후 변화로 인해 겨울 한파와 폭설이 발생하면서 텍사스주의 기온은 30여 년 만에 영하 20도까지 떨어졌습니다. 거북이는 기온이 영상 10도 밑으로 떨어지면 기절하여 정신은 깨어 있지만 몸은 움직이지 못하는 '콜드 스턴(cold stun)' 상태가 됩니다. 거북이는 스스로 체온 조절을 할 수 없고, 외부의 온도 변화에 따라 체온이 변하는 냉혈동물이기 때문입니다. 이와 같은 상태에서는 거북이가 헤엄을 치지 못하고 먹이도

먹지 못하므로 부상을 입기 쉽고 사망에 이르기도 합니다.

시민들과 자원봉사자들은 추위에 기절한 채 해변으로 떠내려온 거북이들을 적극적으로 구조하여 따뜻한 임시 보호 시설로 옮겼습니다. 보호소에서 건강을 회복한 거북이들은 다시 바다로 돌려보냈습니다.

© Texas Game Wardens

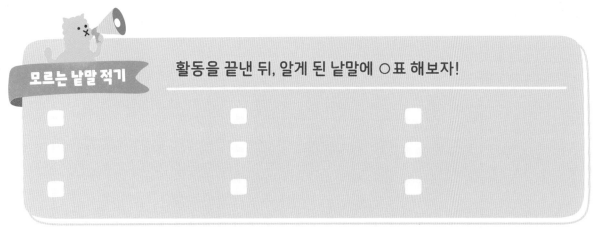

모르는 낱말 적기 활동을 끝낸 뒤, 알게 된 낱말에 ○표 해보자!

◇ 소리내어 읽었나요? ☑ 쉬움 ←→ 어려움

배우기

1 한파

寒	波
찰 한	물결 파

✧ '한파'는 겨울철에 기온이 갑자기 내려가는 현상을 말해.
'한'이라는 한자는 '차다'라는 의미를 가지고 있어.
각 단어의 뜻을 찾아 바르게 선을 이어볼래?

寒	冷
찰 한	찰 랭(냉)

寒	氣
찰 한	기운 기

三	寒	四	溫
석 삼	찰 한	넉 사	따뜻할 온

•   •   •

•   •   •

추운 기운   **3일간 춥고 4일간 따뜻한 날씨**   **날씨 등이 춥고 참**

2 기온

✧ 기온은 공기의 온도라고 이해하면 돼.
0도보다 높으면 '영상 ~도',
0도보다 낮으면 '영하 ~도'라고 표현해.

✧ 영상 10도, 영하 20도를 각각
표시해볼까?

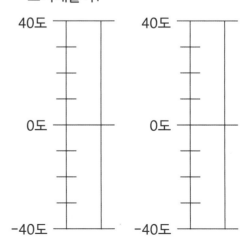

3 냉혈동물

✧ 외부의 온도 변화에 따라 체온이 변화하는 동물을 '냉혈동물'이라고 해.
포유류와 새를 제외한 거의 대부분의 동물이 냉혈동물에 속하지.
양서류, 파충류, 어류 등이 대표적이란다.

✧ 아래 그림 중 냉혈동물을 찾아볼래? (찾으면서 그림을 색칠해도 좋아!)

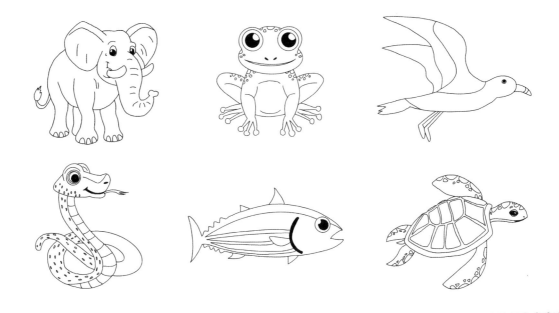

4 자원봉사자

✧ '자원봉사자'라는 말도 한자어야. 각각의 한자 뜻을 살펴보면 단어 전체의 뜻도
쉽게 알 수 있단다. 한자를 보고 올바른 단어 뜻을 찾아볼래?

自	願	奉	仕	者
스스로 자	원할 원	받들 봉	섬길 사	사람 자

누군가가 시켜서 억지로 섬기며 일하는 사람	☐	어떤 일에 대가를 바라지 않고 자발적으로 참여하여 돕는 사람	☐

써보기

단어장

텍사스주

Texas + 州 고을 주
미국 남부 멕시코만에 붙어 있는
미국에서 두 번째로 큰 주

해변

海 바다 해 邊 가 변
바닷물과 땅이 서로 닿은 곳이나
그 근처

폭설

暴 사나울 폭 雪 눈 설
갑자기 많이 내리는 눈

기절

氣 기운 기 絶 끊을 절
두려움, 놀람, 충격 등으로 한동안 정신을
잃음

임시

臨 임할 림(임) 時 때 시
미리 정하지 않고 그때그때 필요에 따라
정한 것

 이번 뉴스는 어떤 내용을 담고 있니? 짧게 써볼래?

'콜드 스턴'은
어떤 상태를 말할까?

기절했다가 깨어난
거북이가 바다로 돌아가는 날,
자신을 구해준 사람들에게
어떤 인사를 건네면 좋을까?

'콜드 스턴'에 빠진 거북이들은
어떤 기분일까?

더 알아보기

✧ 동물의 종류

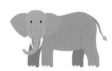

- 포유류 : 새끼에게 젖을 먹여 기르는 동물(코끼리, 곰, 사자, 개, 돼지 등)

- 양서류 : 물과 뭍(땅) 양쪽에서 사는 동물. 폐가 없는 건 아니지만 대부분 피부를 통해 호흡하는 동물(개구리, 두꺼비, 도룡뇽 등)

- 조류 : 날개와 부리가 특징인 동물. 알을 낳고, 대부분 하늘을 날 수 있는 동물(앵무새, 독수리, 비둘기, 타조 등)

- 파충류 : 피부가 각질의 표피로 덮여 있는 동물. 폐로 호흡하고 알을 낳는 동물(뱀, 도마뱀, 거북, 악어 등)

- 어류 : 물에서 사는 물고기 등 아가미가 있는 동물. 피부가 비늘로 덮여 있고 지느러미가 있는 동물(금붕어, 조기, 고등어, 가오리 등)

Video

✧ -19℃ 강추위에 기절했던 미국 거북이들, 다시 바다로

유튜브 채널 : 연합뉴스 Yonhapnews

기사 속 거북이 이야기가 담긴 뉴스 영상이야.

✧ 냉장고 한파 원인은 '지구 온난화'

유튜브 채널 : 뉴스TVCHOSUN

한파의 원인에 대해 잘 설명한 영상이야.

3

힘내! 친구야

차에 치여 쓰러진 친구를 밤새 곁에서 지킨 개가 있습니다. 두 마리의 개 소식은 한 브라질 동물보호단체의 SNS를 통해 알려졌습니다. 행인들이 찍은 영상 속에는 교통사고를 당해 도롯가에 쓰러져 고통스러워하는 개와 비슷하게 생긴 또 다른 개가 등장합니다. 쓰러진 개의 곁에서 머물던 개는 걱정스러운 듯 아침이 될 때까지 친구를 앞발로 흔들거나 핥아주었습니다. 이를 발견한 동물보호단체는 바로 다친 개를 구조하기 위해 노력했으나, 수의사가 없어 다음날 아침이 되어서야 그 장소에 도착했습니다. 하루가 지나도록 두 마리의 개는 여전히 같은 장소에 있었습니다.

다친 개는 병원으로 옮겨져 치료를 받았습니다. 치료 받는 순간에도 친구인 개는 늘 옆에 있었습니다. 현재 다친 개는 스스로 걸을 수 있을 만큼 건강을 회복한 상태이고, 두 마리 개들은 입양을 앞두고 있습니다. 개를 구조했던 간호사는 "사고 순간부터 병원에 도착할 때까지, 그리고 임시 보호소에 머무는 동안에도 내내 친구의 곁을 지킨 개의 우정에 우리 모두 감동했다"라고 말했습니다.

© Adota Iguatu 인스타그램

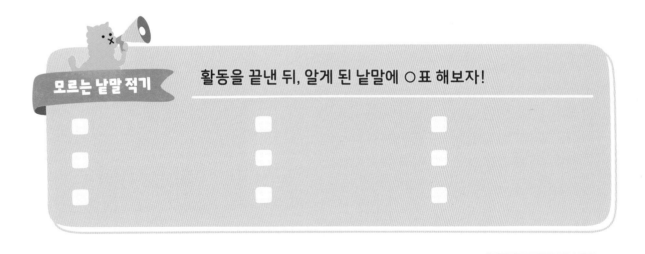

모르는 낱말 적기

활동을 끝낸 뒤, 알게 된 낱말에 ○표 해보자!

☐　　　☐　　　☐

☐　　　☐　　　☐

☐　　　☐　　　☐

❖ 소리내어 읽었나요?　✓

쉬움 ←——→ 어려움

배우기

1 SNS

◇ 온라인으로 다른 사람들과 이야기를 나누고 관계를 만들어갈 수 있는 서비스를 SNS라고 해. 아래 영어 단어 세 개의 앞 글자에만 ○표 해볼래?

Social	**+**	Network	**+**	Service
소셜 (사회)		네트워크 (관계망)		서비스

2 사이시옷

◇ 우리말에는 한자로 이루어진 한자어가 참 많아.

登 校
오를등 학교교

"이번 주부터 등교를 시작해요." ➡ 이때의 '등교'도 한자어야.

道 路
길도 길로

"도로에서는 차 조심!" ➡ 이때의 '도로'도 한자어야.

이렇게 한자어 낱말에 순우리말이 합쳐져서 한 단어가 되면, 앞 낱말의 끝 글자에 ㅅ(시옷) 받침이 들어가야 해. 이것을 사이시옷 현상이라고 한단다.

등교+길 ➡ 등굣길
도로+가 ➡ 도롯가

◇ 그렇다면 아래 두 낱말이 합쳐지면 어떻게 써야 할까?

수도+물 ⇨ [　　　　　　　]　　　　존대+말 ⇨ [　　　　　　　]

水道+(순우리말)　　　　　　　　尊待+(순우리말)

3 핥다

◇ 혀가 물체의 겉면에 살짝 닿으면서 지나가게 하는 행동을 '핥다'라고 해. 이 낱말을 발음나는 대로 써볼래?

⇨ [   ]

◇ 실제 발음과 낱말의 형태가 다른 경우, 우리는 종종 받침을 헷갈릴 수 있단다. '핥다'를 발음하며 한 번 더 써보면서 받침 모양을 기억하자!

⇨ [   ]

4 우정

友	情
벗 우	뜻 정

◇ 친구 사이의 정을 '우정'이라고 해.
아래 보기에서 우정에 해당하는 것들을 모두 골라볼래?

⇨ [   ]

A
서로를 이해함

B
실수에 화를 냄

C
어려울 때 도와줌

D
잘못한 일을 놀림

E
서로 존중함

F
잘 되면 질투함

 # 써보기

단어장

소식
消 사라질 소 息 쉴 식
멀리 떨어져 있는 사람의 사정을 알리는
말이나 글

동물보호단체
動 움직일 동 物 물건 물
保 지킬 보 護 도울 호 團 둥글 단 體 몸 체
동물들을 지키고 보호하기 위해
만들어진 단체

행인
行 다닐 행 人 사람 인
길을 가는 사람

수의사
獸 짐승 수 醫 의원 의 師 스승 사
가축에 생기는 여러 가지 질병을 진찰하고
치료하는 의사

회복
回 돌아올 회 復 회복할 복
원래의 상태로 돌이키거나 원래의 상태를
되찾음

 이번 뉴스는 어떤 내용을 담고 있니? 짧게 써볼래?

이 사진 또한
지나가는 행인이
찍은 거래.

밤새 친구 곁을 지킨
오른쪽 개는 무슨 생각을
하고 있었을까?

만약 네가 다친 개라면,
치료를 받고 깨어난 뒤
곁을 지켜준 친구에게
어떤 말을 해주고 싶니?

네가 가장 좋아하는 친구 이름을
써볼래? 그리고 그 친구가
왜 좋은지 그 이유도 함께 적어보자!

25

더 알아보기

Book

◈ **우리는 친구**

앤서니 브라운 글·그림 | 장미란 옮김 | 웅진주니어 | 20쪽 | 13,000원

세계 최고의 그림책 작가 앤서니 브라운이 들려주는
사랑스러운 우정 이야기를 담은 책이야.

Video

◈ **Video : Loyal dog waits beside friend hit by car all night until
help arrives next day**

출처 : Metro

개들이 발견되었을 당시 모습
과 치료 후 회복하여 노는 모습
을 담은 영상이야.

◈ **우정의 의미와 중요성**

유튜브 채널 : 또왕

진정한 우정은 무엇인지, 우정
의 중요성에 대해 잘 설명한 영
상이야.

페트병으로 만든 경찰 근무복

우리나라 경찰이 세계 최초로 플라스틱 재활용 섬유로 만든 근무복을 입게 됩니다. 경찰청은 국산 플라스틱 재활용 섬유로 만든 친환경 경찰 의류 2천여 벌을 현장에서 일하는 경찰관들이 시범 착용한다고 밝혔습니다. 버려지는 투명 페트병 등에서 뽑아낸 재생 섬유를 경찰관들이 입는 간이 근무복, 생활 편의복 등을 만드는 데 활용한 것입니다. 이번에 만든 의류에는 500밀리리터 페트병 약 6만 개가 사용되었습니다. 여름철 상의 하나에는 페트병이 12개, 겨울철 상의 하나에는 38개가 사용됩니다.

실제로 이 옷을 시범 착용한 112상황실 경찰관은 페트병으로 만든 옷임에도 불구하고 전혀 까끌까끌하지 않고 품질이 좋다며 긍정적인 반응을 보였습니다. 경찰관들은 또 "국가와

국민을 넘어서 지구 환경까지 생각하는 대한민국 경찰이 자랑스럽다"라고 말했습니다.

경찰청 관계자는 이번 시범 착용을 계기로 "경찰 제복은 사회에 미치는 영향이 크므로 국산 재활용 섬유로 만든 친환경 의류를 모범적으로 사용하여 환경보호에 앞장서겠다"라는 뜻을 전했습니다.

ⓒ 경찰청

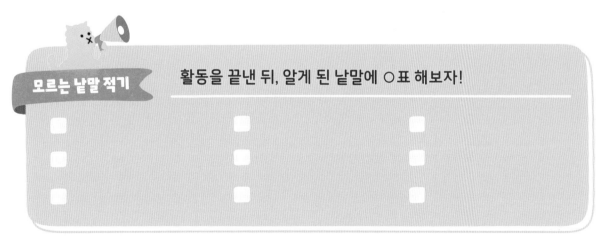

모르는 낱말 적기   활동을 끝낸 뒤, 알게 된 낱말에 〇표 해보자!

◇ 소리내어 읽었나요? ☑ | 쉬움 ⟵ ⟶ 어려움

배우기

1 섬유

◇ '섬유'는 실이 되는 물질이라고 이해하면 돼.
　 매우 가늘고 긴, 구불구불 자유롭게 굽힐 수도 있는 물체야.
　 식물이나 동물 등으로 만든 천연 섬유, 다양한 물질로 만든 인조 섬유가 있어.

섬유로 이런 천이나 실을 만들어.

2 시범 착용

◇ '시범 착용'이 뭘까? 두 단어의 뜻을 각각 살펴보고 네가 적어볼래?

시범		착용
모범을 보이는 것	**+**	옷, 모자, 신발 등을 입거나 쓰거나 신거나 하는 일

=

시범 착용

3 상의/하의

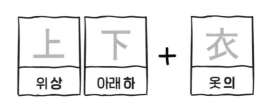

◇ '상의'는 위에 입는 옷,
'하의'는 아래에 입는 옷을 뜻해.
상의와 하의를 각각 알맞게 이어볼래?

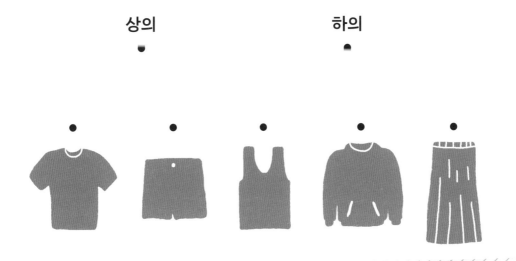

4 밀리리터(mL)

밀리리터(milliliter) = mL

◇ 액체의 부피를 나타내는 단위야. 밀리리터(mL)보다 더 큰 단위는 리터(L)란다.
주스, 우유, 물 등 액체를 담은 통에는 모두 밀리리터(mL) 혹은 리터(L)가
적혀 있을 거야. 한번 살펴볼래?

1000mL = 1L → 1천 밀리리터가 모이면 1리터가 돼.

◇ 그렇다면 이만큼은 몇 리터(L)일까?

 L

써보기

단어장

최초

最 가장 최 初 처음 초
맨 처음

국산

國 나라 국 産 낳을 산
자기 나라에서 생산한 것

재생

再 두 재 生 날 생
버리게 된 물건을 다시 쓰게 만듦

간이

簡 간략할 간 易 쉬울 이
간단하고 편리함

품질

品 물건 품 質 바탕 질
물건의 성질과 바탕

제복

制 절제할 제 服 옷 복
학교, 관청, 회사 등에서 정해진 규정에 따라
입도록 한 옷, 유니폼

 이번 뉴스는 어떤 내용을 담고 있니? 짧게 써볼래?

투명 페트병으로 만든 옷은
어떤 느낌일까?
상상해서 써볼래?

투명 페트병에서
뽑아낸 재생 섬유로
넌 무엇을 만들고 싶니?

지구 환경을 지킬 수 있는 방법 중
네가 당장 할 수 있는 일을 써볼까?

투명 페트병으로 만든 옷은
어떤 느낌일까?
상상해서 써볼래?

더 알아보기

✧ 옷 제조 과정
투명 페트병은 아래와 같은 과정을 거쳐서 옷이 된대.

분리배출 (공동주택)	선별·압축 (재활용선별장)	분쇄·세척 (재활용업체)	CHIP제조 (펠렛제조업체)	원사 제조 (원사업체)	원단 봉제 (의류업체)

 ⇨  ⇨  ⇨ ⇨ ⇨

© 경찰청 보도자료

✧ 디자인
근무복, 편의복 등 경찰들이 입는 다양한 옷들로 만들어진대.

© 경찰청 보도자료

✧ 페트병 쓰레기가 옷으로 재탄생… 투명 페트병 분리배출은 지지부진

유튜브 채널 : KBS News

투명 페트병을 따로 분리배출 하면서 이를 활용한 다양한 사례를 보여주는 영상이야.

한글에 이어
태권도를 배워요

인도네시아 **부톤섬** 바우바우 시에서는 주 3회, 태권도 무료 수업이 열립니다. 한국어로 진행되는 태권도 수업에는 초등학생부터 20대 중반까지, 매번 60명이 넘는 수련생들이 참가하는 등 반응이 뜨겁습니다. 이 태권도 수업은 한글과 한국어를 배우는 아이들이 태권도도 배우면 좋겠다는 정덕영 선생님의 아이디어에서 출발했습니다. 정덕영 선생님은 12년째 부톤섬에서 한글 수업을 해오고 있는 유일한 한국인입니다.

부톤섬의 소수민족인 찌아찌아족에게는 '찌아찌아어'만 있을 뿐, 말을 표기할 수 있는 문자가 없었습니다. 이들의 사정을 알게 된 우리나라 훈민정음학회에서는 한글을 사용할 것을 제안했습니다. 찌아찌아족은 2009년 한글을 공식 문자로 받아들이기로 결정하였

고, 이듬해 정덕영 선생님이 한글 교사로 부톤섬에 파견되었습니다.

정덕영 선생님은 자신의 체재비, 현지인 보조 교사들 월급, 교재비 등을 본인과 지인이 설립한 '한국찌아찌아문화교류협회'에서 십시일반 모은 기부금으로 해결하고 있습니다. 인도네시아에 사는 한국인들도 정 선생님을 돕고 있습니다.

ⓒ 한국찌아찌아문화교류협회

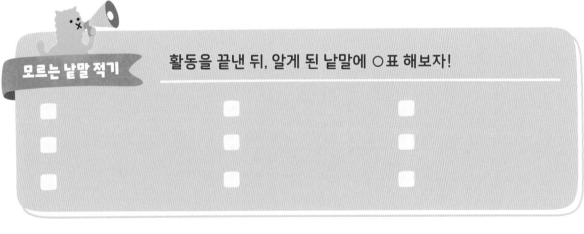

모르는 낱말 적기

활동을 끝낸 뒤, 알게 된 낱말에 ○표 해보자!

◇ 소리내어 읽었나요? ☑

쉬움 ←—→ 어려움

배우기

1 인도네시아

✧ 인도네시아는 섬으로 이루어진 나라야. 섬의 개수는 아무도 모른다고 해.
인도네시아 정부도 섬이 대략 1만 8,000개가 넘는다는 것까지만 파악하고 있지.
이 중 찌아찌아족이 사는 부톤섬은 13개의 민족으로 이루어져 있어. 그중 찌아찌아족
이 최대 민족이란다.

✧ 오른쪽 지도에 빨간색 선으로
표시된 곳이 모두 인도네시아
국토야. 지도에서 인도네시아 땅을
모두 색칠해 볼래?

2 말과 문자

✧ 찌아찌아족에게는 말만 있고 문자가 없었어. '말'과 '문자'는 어떻게 다를까?

	한국인	미국인	일본인	찌아찌아족
말	머리	헤드	아따마	뽀주
문자	머리	Head	あたま	✕ (없음)

3 한국어와 한글

한국어

한국어는 '언어'를 뜻해.

가자, 먹자, 학생, 신문 …

이런 낱말이나 문장을 한국어라고 한단다.

한글

한글은 '문자'를 뜻해.

ㄱ, ㄴ, ㄷ, ㅏ, ㅑ, ㅓ …

이런 자음과 모음을 한글이라고 말하지.

4 이듬해

✧ '이듬해'는 다음 해를 뜻하는 말이란다. 그렇다면 2009년의 이듬해는 몇 년도일까?

 년

5 십시일반

✧ '밥 열 술(숟가락)이 한 그릇이 된다'는 뜻이야. 여러 사람이 조금씩 힘을 합하면 한 사람을 돕기 쉽다는 말이지.

十	匙	一	飯
열십	숟가락 시	한일	밥반

✧ 너도 '십시일반' 했던 경험이 있니?

⇨

써보기

단어장

소수민족

少 적을 소 數 셈 수 民 백성 민 族 겨레 족
상대적으로 인구수가 적고 언어와
관습 등이 다른 민족

표기

表 겉 표 記 기록할 기
문자 또는 음성 기호로 언어를 표시함

파견

派 물갈래 파 遣 보낼 견
일정한 임무를 주어 사람을 보냄

체재비

滯 막힐 체 在 있을 재 費 쓸 비
머물러 지내는 데 드는 비용

현지인

現 나타날 현 地 땅 지 人 사람 인
그 지역에서 계속 살았던 사람

지인

知 알 지 人 사람 인
아는 사람

 이번 뉴스는 어떤 내용을 담고 있니? 짧게 써볼래?

우리나라 훈민정음학회는
왜 찌아찌아족에게
한글 사용을 제안했던 걸까?

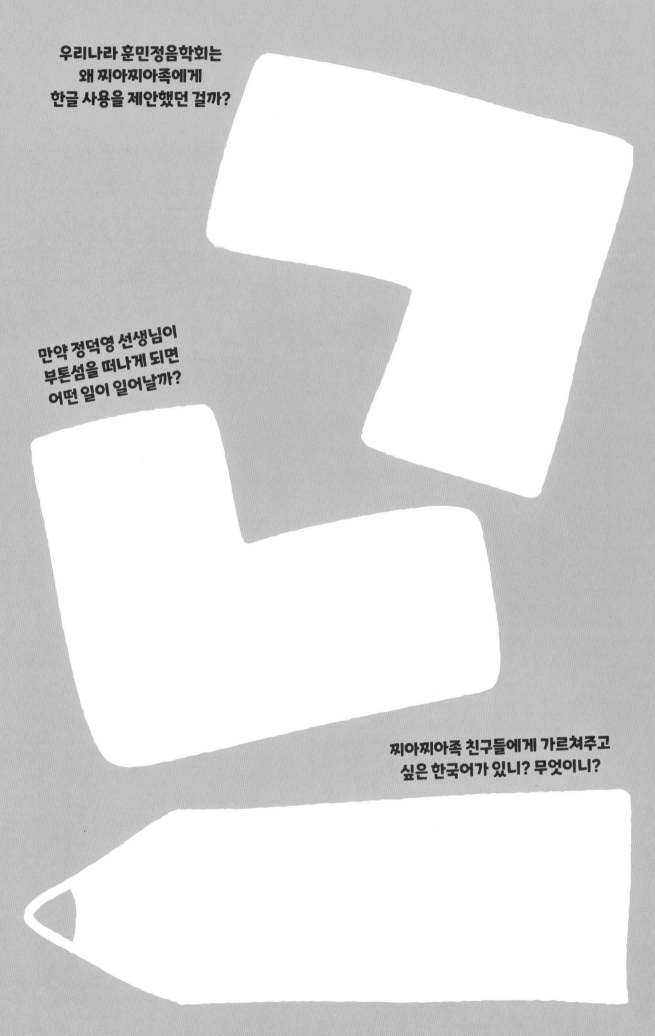

만약 정덕영 선생님이
부톤섬을 떠나게 되면
어떤 일이 일어날까?

찌아찌아족 친구들에게 가르쳐주고
싶은 한국어가 있니? 무엇이니?

더 알아보기

Tip

◇ **부톤섬**

동그라미 해둔 곳이 부톤섬이란다.
구글지도를 확대하여 기사 속
바우바우시도 찾아보자!

Book

◇ **찌아찌아 마을의 한글 학교**

정덕영 글 | 서해문집 | 272쪽 | 12,000원

찌아찌아족에게 처음으로 한글을 가르친 정덕영 선생님의
한글 전파기란다.

Video

유튜브 채널 : 세상의모든지식

◇ **한글을 쓰는 또 다른 민족
찌아찌아족**

한글을 문자로 사용하는 찌아
찌아족 이야기를 담은 영상
이야.

유튜브 채널 : BBC News 코리아

◇ **한글날: 인도네시아 찌아찌아족
홀로 가르치고 있는 한글 교사**

찌아찌아족에게 한글 및 한
국어 교육을 하고 있는 정덕
영 선생님 인터뷰 영상이야.

산호 위에 만든 섬

1천여 개의 섬으로 이루어진 몰디브는 산호로 둘러싸인 아름다운 경관 덕분에 세계적으로 사랑받는 여행지입니다. 그러나 대부분의 섬이 해발 1미터가 채 되지 않아, 해수면이 높아지면 그만큼 물에 잠길 위험에 처합니다.

실제로 지구 온난화 때문에 전 세계 해수면은 해마다 3~4밀리미터씩 높아지고 있습니다. 연구에 따르면 2100년이 되면 몰디브 섬들 대부분이 바다 밑으로 가라앉는다고 합니다. 몰디브를 '지구에서 가장 아름다우면서도 취약한 섬나라'라고 부르는 이유입니다.

위기를 대비하여 몰디브는 1997년, 산호 위에 모래를 쌓아 해발 2미터의 인공 섬을 만들기로 했습니다. '훌후말레'라는 이름의 이 섬은 미국 항공우주국(NASA)에서 공개한 2020년의 위성 이미지로 확인할 수 있었습니다.

20년에 걸쳐 만들어진 훌후말레섬에는 현재 5만 명 이상의 사람이 살고 있습니다. 몇 년 후에는 몰디브 전체 인구(52만 명)의 절반 정도가 이 섬으로 이주할 것으로 예상됩니다. 훌후말레는 몰디브 사람들의 새로운 터전이자 재난 상황을 피할 수 있는 피난처로 기대를 모으고 있습니다.

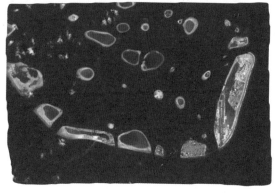

© NASA

모르는 낱말 적기

활동을 끝낸 뒤, 알게 된 낱말에 ○표 해보자!

◇ 소리내어 읽었나요? ☑

쉬움 ←――→ 어려움

배우기

1 몰디브 위성 이미지

✧ 아래 두 사진을 보고 달라진 부분을 모두 찾아볼래?

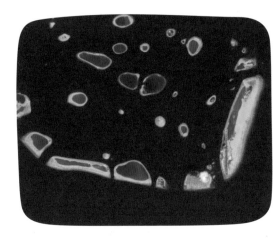

1997년

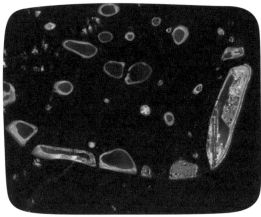

2020년

2 여

✧ 공통으로 들어간 글자를 찾아 오른쪽에 써볼래?

백여 명
한 시간여
십여 개

⇨

☐

✧ '여'는 수를 나타내는 말과 함께 쓰이고 '그 수를 넘는다'라는 뜻을 가지고 있어.
그렇다면, 1천여 개는 1천(1,000) 개보다 많을까? 적을까?

 많다 ☐ 적다

3 해수면과 해발

◇ '해수면'은 바닷물의 표면을 뜻해. 그리고 '해발'은 해수면으로부터 계산해서 샌 높이를 말해.

◇ 만약 여기에 물을 더 붓는다면 산은 어떻게 될까?

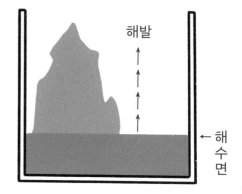

4 밀리미터(mm)

| millimeter | = | mm |

◇ 밀리미터(mm)는 길이의 단위야. 10밀리미터는 1센티미터, 100센티미터는 1미터란다.

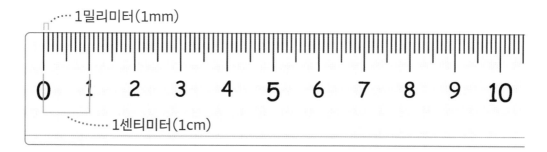

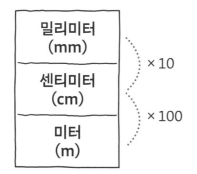

◇ 만약 해마다 3밀리미터씩 해수면이 높아진다면 해수면이 3센티미터 높아졌을 때는 몇 년 후일까?

 년 후

써보기

단어장

경관

景 볕 경 觀 볼 관
산이나 들, 강, 바다 등의 자연이나
지역의 풍경

취약

脆 연할 취 弱 약할 약
무르고 약함

터전

자리를 잡은 곳

연구

研 갈 연 究 연구할 구
어떤 일이나 사물에 대하여 깊이 있게
조사하고 생각하여 진리를 따져보는 일

이주

移 옮길 이 住 살 주
본래 살던 집에서 다른 집으로 거처를 옮김

피난처

避 피할 피 難 어려울 난 處 곳 처
재난을 피하여 머무는 곳

 이번 뉴스는 어떤 내용을 담고 있니? 짧게 써볼래?

해수면이 높아지는 걸 대비하기 위해서는
인공 섬을 만드는 것 외에 또 어떤 방안이 있을까?

훌후말레섬에 가보고 싶니?
가고 싶으면 가고 싶은 이유,
가기 싫으면 가기 싫은 이유를
함께 써볼래?

2100년이 되면
해수면이 1미터
높아진대.

지구 곳곳에서
어떤 일이 일어날까?
(몰디브가 바다에 잠기는 이야기는
제외하고 써볼래?)

더 알아보기

◇ **몰디브의 변화**

다음 QR코드를 찍어봐. NASA에서 공개한
훌후말레섬의 변화를 자세히 볼 수 있어.

◇ **어린이를 위한 기후 보고서**

김남길 글 | 강효숙 그림 | 풀과바람 | 128쪽 | 11,000원

어린이가 꼭 알아야 할 '기후'에 관한 모든 것을 담은 책이야.
기후의 정의, 이상 기후 현상, 환경 위기와 그것을 막기 위한
노력까지 담겨 있어.

◇ **가라앉고 있는 몰디브, 앞으로 남은 시간은?**

유튜브 채널 : 아일랜드 트래블러

지구 온난화 때문에 몇십 년
뒤면 바다 아래로 가라앉을 거
라는 몰디브의 이야기를 담은
영상이야.

치료비가 필요해요

미국 버지니아주에 사는 8살 소년 브라이슨 클리맨이 아픈 반려견의 치료비를 마련하고자 한 일이 화제가 되었습니다. 브라이슨은 생후 4개월 된 자신의 반려견 브루스가 '파보바이러스'에 감염되어 죽을 수도 있다는 사실을 알게 되었습니다. 사흘 동안 드는 치료비는 약 73만 원이었지만, 브라이슨 가족은 치료비를 낼 형편이 아니었습니다.

브라이슨은 치료비를 마련할 계획을 세웠습니다. 그동안 모았던 포켓몬 카드를 팔기로 한 것입니다. 브라이슨은 집 앞마당에 '포켓몬 카드 판매'라는 문구가 적힌 표지판을 세운 뒤 카드를 판매하기 시작했습니다. 어머니는 이런 브라이슨의 모습을 촬영해 페이스북에 올렸고, 이 소식은 많은 사람들에게 알려졌습니다. 소식을 접한 지역 주민들은 포켓몬 카드를 사러 갔습니다. 브라이슨은 약 45만 원의 수익을 낼 수 있었습니다. 이후 어머니는 모금 사이트 '고펀드미'에 사연을 올려, 무려 1,600만 원이 더 모였습니다.

현재 브루스는 무사히 치료를 받고 회복 중입니다. 브라이슨의 가족들은 치료비에 쓰고 남은 기부금을 지역 동물 보호소에 기부했습니다.

ⓒ 고펀드미

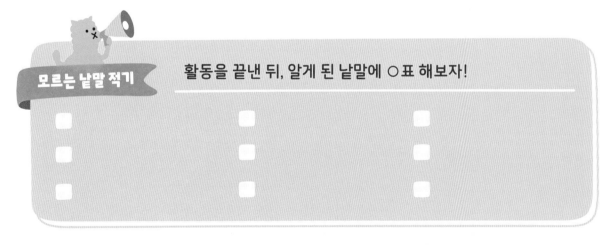

모르는 낱말 적기   활동을 끝낸 뒤, 알게 된 낱말에 ○표 해보자!

◇ 소리내어 읽었나요? ☑ | 쉬움 ←→ 어려움

45

배우기

1 반려

伴	侶
짝 반	짝 려(여)

✧ '반려'는 짝이 되는 친구(동무)라는 뜻을 가지고 있어. 뒤에 다양한 단어를 붙여 일상에서도 자주 쓰는 말이란다. 각 단어의 뜻을 찾아 선을 이어봐.

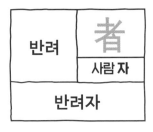

반려 者
사람 자
반려자

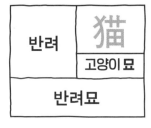

반려 猫
고양이 묘
반려묘

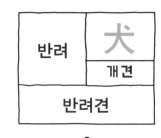

반려 犬
개 견
반려견

•   •   •

•   •   •

가족처럼
함께 지내는 개

짝이 되는 사람

가족처럼 함께
지내는 고양이

2 형편

✧ '살림살이의 모습'을 흔히 '형편'이라고 표현한단다.
그래서 집이 부유하거나 가난할 때, '형편이 좋다/어렵다'고 말해.

형편이 좋다 ⇨ 집에 돈이 많다

형편이 어렵다 ⇨ 집에 돈이 없다

3 페이스북

✧ 전 세계 사람들이 많이 이용하는 유명한 소셜네트워크서비스(SNS)야.
온라인에서 다른 사람들과 사진이나 글로 소통할 수 있는 곳이지.

✧ 이 'facebook'을 한국어로 바꿔본다면 무엇이 될까? 사전을 검색해봐도 좋아!

⇨ _____

4 순우리말 날짜

✧ '하루, 이틀, 사흘, 나흘…' 등은 우리 고유의 방식으로 날짜를 이르는 말이야.
1일부터 10일까지 어떻게 세는지 알아보자!

1일	2일	3일	4일	5일
하루	이틀	사흘	나흘	닷새

6일	7일	8일	9일	10일
엿새	이레	여드레	아흐레	열흘

✧ 오늘 날짜는 몇 월 며칠이니? ⇨ _____

그렇다면 오늘 날짜로부터 사흘 뒤면 몇 월 며칠이 되는 걸까? ⇨ _____

써보기

단어장

화제

話 말씀 화 題 제목 제
이야기할 만한 재료나 소재

감염

感 느낄 감 染 물들 염
병원체인 미생물이 동물이나 식물의
몸 안에 들어가 증식하는 일

마련하다

헤아려서 갖춤

수익

收 거둘 수 益 더할 익
거두어들인 이익

모금

募 모을 모 金 쇠 금
기부금이나 성금 등을 모음

 이번 뉴스는 어떤 내용을 담고 있니? 짧게 써볼래?

반려견 브루스는
자신을 위해
포켓몬 카드를 판매한
브라이슨에게
어떤 말을 해주고 싶을까?

네가 만약 치료비를 위해
무언가를 팔아야 한다면
무엇을 팔 거야?

만약 네가 브라이슨이라면
어떤 방법으로 치료비를 벌었을까?

더 알아보기

Tip

◇ **고펀드미**

고펀드미(GoFundMe)는 미국의 유명한 기부 사이트야.
개인의 사연을 올리면 온라인으로 모금을 할 수 있어.
뉴스 기사 속 브라이슨 가족의 사연이 담긴
'고펀드미' 링크인데, 한번 읽어볼래?

Book

◇ **내 멋대로 반려동물 뽑기**

최은옥 글 | 김무연 그림 | 주니어김영사 | 92쪽 | 12,500원

원하는 반려동물을 뽑아 키울 수 있다면 어떻게 될까?
반려동물을 대하는 올바른 태도와 생명 존중의 중요성을
알려주는 책이야.

◇ **나의 첫 반려동물 비밀 물고기**

김성은 글 | 조윤주 그림 | 천개의바람 | 40쪽 | 13,000원

엄마 몰래 물고기를 키우면서 일어나는 재미있는 이야기.
생명을 돌보는 책임감과 동물에 대한 사랑을 깨달을 수 있는
책이야.

커피 찌꺼기도 재활용합니다

카페에서 버려지던 커피 찌꺼기가 재활용 자원으로 다시 태어납니다. 환경부는 환경재단, 현대제철, 인천시 등과 '커피 찌꺼기 재자원화' 시범사업 협약을 맺었습니다.

커피 한 잔을 만들기 위해 사용하는 커피 원두 중 약 99.8퍼센트는 커피 찌꺼기가 되어 버려집니다. 이 커피 찌꺼기를 담아 버리는 종량제 쓰레기봉투 값만 1년에 41억 원 가량이 듭니다. 또 커피 찌꺼기는 대부분 땅에 묻거나 태우는데, 커피 찌꺼기를 땅에 묻으면 온실가스의 일종인 메탄이 배출됩니다.

환경부는 이 커피 찌꺼기를 재활용할 계획입니다. 미생물 발효 기술을 사용해 커피 찌꺼기를 가공해서 농가에 보급하는 것입니다. 그러면 커피 찌꺼기를 폐기물로 처리할 때 드는 비용을 아낄 수 있습니다. 또 농가에서는 커피 찌꺼기를 퇴비, 연료, 축사 바닥재 등으로 다양하게 활용할 수 있습니다.

커피 찌꺼기 재활용을 통해 커피 전문점은 종량제 봉투 비용을 절약할 수 있고, 환경도 보호할 수 있을 것으로 기대됩니다.

© pixabay

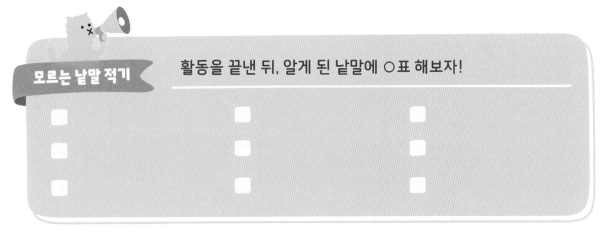

모르는 낱말 적기   활동을 끝낸 뒤, 알게 된 낱말에 ○표 해보자!

◇ 소리내어 읽었나요? ☑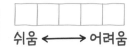
쉬움 ←———→ 어려움

배우기

1 커피 찌꺼기

✧ 커피 원두를 잘게 갈아서 뜨거운 물을 부으면 커피가 만들어져.
커피를 만들고 남은 가루를 '커피 찌꺼기'라고 해.

커피 원두

커피 찌꺼기

2 재

다시 재

✧ '재'는 '재차'나 '거듭', '다시'라는 뜻을 가지고 있어.
그럼 다음 낱말은 무슨 의미일까?

재사용	⇨	
재자원화	⇨	

3 톤(t)

✧ 톤은 질량의 단위야. 단위는 | t | ➡ 1톤은 1킬로그램의 1,000배란다.

| 1톤 | = | 1,000킬로그램 |

52

4 협약

✧ 단체와 개인, 또는 단체와 단체끼리 서로 의논하여
결정한 일들을 공식적으로 약속하는 걸 '협약'이라고 해.

協	約
화합할 협	맺을 약

협약까지 가는 길에 '협약'과 비슷한 낱말을 3개 더 만나게 돼. 미로를 잘 통과해봐.

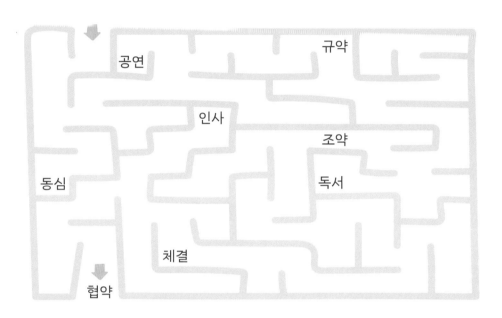

공연
규약
인사
조약
동심
독서
체결
협약

5 커피 찌꺼기 재활용

✧ 커피 찌꺼기가 재활용되는 과정을 간단히 정리해봐.

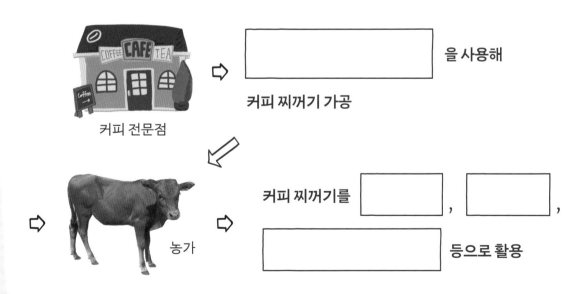

커피 전문점

커피 찌꺼기 가공

[   ] 을 사용해

커피 찌꺼기를 [   ] , [   ] ,

[   ] 등으로 활용

농가

써보기

단어장

자원

資 재물 자 源 근원 원

인간이 살아가거나 경제 활동을 하는 데
이용되는 광물, 산림, 수산물 등을 이르는 말

종량제

從 좇을 종 量 헤아릴 량 制 절제할 제

물품의 무게나 길이, 용량에 따라
세금이나 이용 요금을 매기는 제도

미생물 발효

微 작을 미 生 날 생 物 물건 물
醱 술괼 발 酵 삭힐 효

눈에 안보이는 미생물을 넣어
음식물을 발효시키는 처리방식

폐기물

廢 폐할 폐 棄 버릴 기 物 물건 물

못 쓰게 되어 버리는 물건

퇴비

堆 쌓을 퇴 肥 살찔 비

풀, 짚 또는 가축의 배설물 등을 썩힌 거름

축사

畜 짐승 축 舍 집 사

가축을 기르는 건물

 이번 뉴스는 어떤 내용을 담고 있니? 짧게 써볼래?

환경부는 커피 찌꺼기를
재활용하는 사업을 왜
시작했을까?

커피 찌꺼기를 또 어떻게
재활용할 수 있을까?
기사에 언급된 내용은
빼고 써봐!

너희 집에서 그냥 버려지고 있는
쓰레기 중에 재활용할 수 있는 게 있어?

더 알아보기

Play

◈ 커피 점토 만들기

커피 찌꺼기로 점토를 만들 수도 있어. 다음 영상을 참고해서 만들어보렴.

〈준비물〉 커피가루 1컵, 밀가루 1컵, 소금 1/3컵, 물 1/2컵

〈과정〉   1. 커피가루는 전자레인지에 3분 정도 돌려 수분을 없애야 해.

            2. 잘 마른 커피가루에 준비해둔 밀가루, 소금, 물을 넣어.

            3. 점토의 질감이 될 때까지 손으로 반죽해.

              (이때 물을 조금씩 더 넣으면서 반죽하면 돼.)

            4. 점토가 완성되었다면 원하는 모양으로 만들어.

            5. 완성한 작품은 전자레인지에 앞뒤로 3분씩 구워.

유튜브 채널 : 허쌤교실

Video

◈ 커피 찌꺼기, 더 이상 찌꺼기라고 부르면 안 되는 이유

유튜브 채널 : 크랩 KLAB

커피 찌꺼기를 재활용할 수 있는 여러 방법을 소개한 영상이야.

◈ 커피 찌꺼기로 실천하는 제로웨이스트! 생활용품 만들기

유튜브 채널 : 카페박스토리 Cafeboxstory

커피 찌꺼기로 방향제 만드는 영상이야. 과정이 복잡하지 않아서 실제로 만들어볼 수 있을 거야.

100% 태양광 전기를 씁니다

미국 스탠퍼드대학교가 교내에서 쓰는 전기 에너지를 100퍼센트 태양광 전기로 전환했습니다. 스탠퍼드대학교는 공식 홈페이지를 통해 "두 번째 태양광 발전소가 3월에 가동을 시작했다"라고 밝혔습니다.

스탠퍼드대학교의 첫 번째 발전소는 2016년 부터 가동되고 있었습니다. 캘리포니아 중부에 두 번째 발전소가 조성되면서, 100퍼센트 친환경 재생 에너지로 학교의 전기를 생산하게 된 것입니다. 조명시설, 식당의 조리시설, 실험실의 실험도구 등이 태양광 전기로 작동하게 되었습니다.

석유나 석탄 같은 화석연료를 태우면 가스가 발생해 대기 중에 머물게 됩니다, 이 온실가스는 태양에서 발생한 열을 가두고, 그 결과 지구의 기온이 상승합니다. 스탠퍼드대학교

에서는 태양광 전기를 쓰게 되면서 2011년 과 비교해 온실가스 배출이 80퍼센트 정도 줄었다고 합니다. 비용도 약 5억 달러(6,000억 원) 절감되었습니다. 스탠퍼드대학교 총장은 "새로운 태양광 발전소 가동으로 충분한 전기를 생산할 수 있게 됐다"라고 말하며, 쓰고 남은 전기 에너지는 다른 학교에도 공급할 예정이라고 밝혔습니다.

ⓒ 스탠퍼드대학교 공식 페이스북

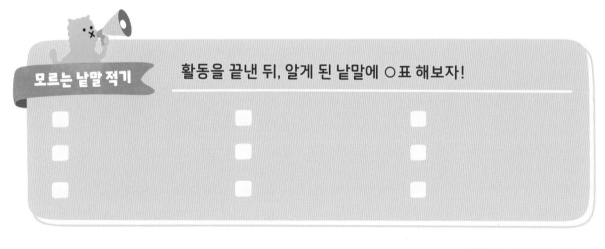

모르는 낱말 적기

활동을 끝낸 뒤, 알게 된 낱말에 ○표 해보자!

◇ 소리내어 읽었나요? ✓ ┊ 쉬움 ←→ 어려움

배우기

1 스탠퍼드대학교

✧ 미국 캘리포니아주 팔로알토에 있는 종합대학이야.
특히 자연과학이나 공학 등의 이공계열이 세계 최고 수준이지.
공식명은 '릴런드 스탠퍼드 주니어 대학교(Leland Stanford Junior University)'인데,
스탠퍼드로 줄여 부르고 있어.

스탠퍼드대학교
소개 영상

2 달러

✧ 나라마다 화폐 단위나 기호가
모두 다르단다.
달러는 미국, 싱가포르, 캐나다, 홍콩
등에서 사용하는 화폐 단위야.
우리나라는 원, 일본은 엔, 중국은 위안이라고 하지.

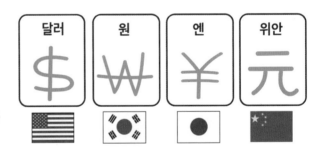

달러	원	엔	위안
$	₩	¥	元

✧ 나라마다 화폐가 다르기 때문에 각각의 돈을 시세에 따라 비율을 정해 교환하는데,
이 비율을 '환율'이라고 해.
환율은 시세를 따르기 때문에 매번 바뀐단다.

1달러	=	1,312원

2023년 12월 기준
(달러 환율)

3 태양광 vs 전기

太	陽	光
클 태	볕 양	빛 광

✧ '태양광'은 태양의 빛이란 뜻이야.
그럼 태양광 발전은 뭘까?
태양전지를 이용하여 태양빛을 직접 전기 에너지로
바꾸는 발전 방식을 '태양광 발전'이라고 하고,
그렇게 모인 전기를 '태양광 전기'라고 생각하면 돼.

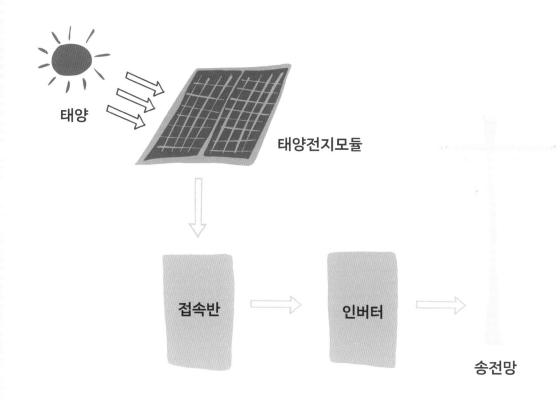

태양 → 태양전지모듈 → 접속반 → 인버터 → 송전망

4 동

動
움직일 동

✧ '동'은 '움직이다'라는 뜻을 가지고 있는 한자야.
57쪽의 기사에서 '동'이 들어가는 낱말 2개를 찾아볼래?

써보기

단어장

전환

轉 구를 전 換 바꿀 환
다른 방향이나 상태로 바뀌거나 바꿈

가동

稼 심을 가 動 움직일 동
사람이나 기계 등이 움직여 일함

조성

造 지을 조 成 이룰 성
무엇을 만들어서 이룸

배출

排 밀칠 배 出 날 출
안에서 밖으로 밀어 내보냄

절감

節 마디 절 減 덜 감
아끼어 줄임

 이번 뉴스는 어떤 내용을 담고 있니? 짧게 써볼래?

**스탠퍼드대학교가 태양광 전기를
사용하려는 이유는 무엇일까?**

**만약 네가
스탠퍼드대학교 학생이라면,
학교의 이 결정을 듣고
어떤 생각을 했을까?**

집에서 전기 사용을 줄일 수 있는 방법 세 가지를 생각해볼까?

더 알아보기

Book

✧ 햇빛 에너지 마을에 놀러 오세요

임정은 글 | 신슬기 그림 | 우리학교 | 120쪽 | 13,000원

태양광 발전기로 전기를 생산하며 지속 가능한 지구를 만들기 위해 노력하는 엄지 마을 이야기야.

Video

✧ 태양광 발전은 어떻게 에너지를 만들어내는 걸까?

태양광 발전과 태양열 발전에 대해 아주 잘 설명한 영상이야.

✧ 기후변화와 화석연료 – RE100 재생에너지 100%, 멋진 에너지의 세계로!

화석연료 사용의 문제에 대해 교육용으로 만든 애니메이션이야. 이 영상은 '기후위기, 전선을 드러내다'라는 시리즈 중 하나로 총 네 편의 애니메이션이 있으니 다른 영상도 꼭 찾아보길 바라.

옥스퍼드 영어사전에 실린 우리말

최근 한국에서 유래된 단어 26개가 영국 옥스퍼드 영어사전에 실렸습니다. 옥스퍼드 영어사전은 1884년 처음 출간되었습니다. 영어권에서 사용되는 60만여 개 단어가 수록된 세계에서 가장 권위 있는 사전입니다.

1976년 옥스퍼드 사전에 처음 등재된 우리말은 '김치(kimchi)' '막걸리(makkoli)' 등이었습니다. 이후 45년 동안 모두 20개의 단어가 실렸는데, 2021년에는 무려 26개의 단어가 한꺼번에 등재되었습니다. 올해 등재된 우리말은 '치맥(chimaek)' '먹방(mukbang)' '대박(daebak)' '언니(unni)' '오빠(oppa)' '불고기(bulgogi)' 'PC방(PC bang)' 등입니다.

옥스퍼드 사전은 한 번 등재한 단어는 삭제하지 않습니다. 그래서 새 단어를 실을 때는 철저한 조사를 거친 후 신중하게 선정합니다. 해당 단어가 책, 신문, 방송, 인스타그램이나 트위터와 같은 SNS에서 지속적으로 사용되고 있는지를 검토합니다.

26개의 단어가 한꺼번에 옥스퍼드 사전에 등재된 것은 그만큼 한국 문화의 영향력이 커졌기 때문입니다. 우리나라의 드라마, 영화, 노래, 유튜브 채널이 세계적으로 인기를 끌면서 나타난 자연스러운 현상입니다.

© 옥스퍼드 영어사전 홈페이지

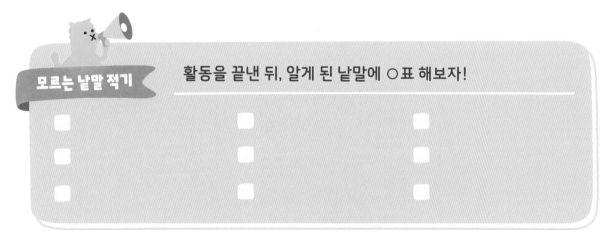

모르는 낱말 적기

활동을 끝낸 뒤, 알게 된 낱말에 ○표 해보자!

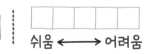

◇ 소리내어 읽었나요? ☑

쉬움 ←——→ 어려움

배우기

1 옥스퍼드 영어사전

✧ 옥스퍼드 영어사전(Oxford English Dictionary)은 세계 최대, 최고 권위의 사전으로 평가받아.

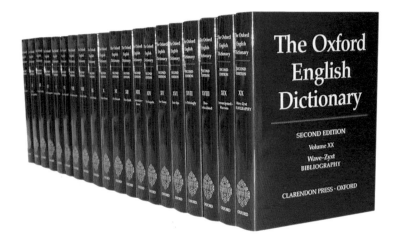

✧ 옥스퍼드 영어사전을 줄여서 어떻게 말할까?

Oxford English Dictionary ⇨ ☐ ☐ ☐

2 권위

權 威
권세 권　위엄 위

✧ 다른 사람을 통솔하는 힘, 혹은 어떤 일정 분야에서 사회적으로 인정받고 영향을 끼칠 수 있는 능력을 '권위'라고 해.

✧ 너희 집에서 가장 권위 있는 사람은 누구니? ⇨ ☐

3 등재

오를 등 | 실을 재

◈ 각각의 한자 뜻을 생각해보면
단어의 뜻을 쉽게 알 수 있어.
'등재'는 무슨 뜻일까?
사다리 타기로 알맞은 뜻을 찾아
숫자를 써봐.

⇨ [　　　]

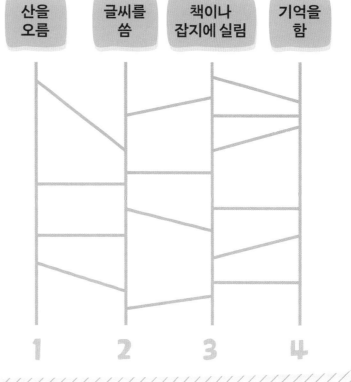

산을 오름 | 글씨를 씀 | 책이나 잡지에 실림 | 기억을 함

1　2　3　4

4 26개의 단어

◈ 새롭게 실린 26개의 단어는 다음과 같아. 아는 단어에 모두 동그라미 해볼래?

반찬(banchan)　　　김밥(kimbap)　　　　　PC방(PC bang)
한복(Hanbok)　　　스킨십(skinship)　　　한류(hallyu)
잡채(japchae)　　　콩글리시(Konglish)　　한류(Korean wave)
누나(noona)　　　　트로트(trot)　　　　　파이팅(fighting)
당수도(tang soo do)　만화(manhwa)　　　　K-드라마(K-drama)
불고기(bulgogi)　　삼겹살(samgyeopsal)　대박(daebak)
갈비(galbi)　　　　애교(aegyo)　　　　　치맥(chimaek)
동치미(dongchimi)　언니(unni)　　　　　먹방(mukbang)
오빠(oppa)　　　　K-복합어(K-, comb)

◈ 다음 단어를 너만의 사전에 싣는다면 어떻게 설명할 거야?

 | 김밥 |

 | 삼겹살 |

써보기

단어장

유래되다

由 말미암을 유 來 올 래 + 되다
사물이나 일이 생겨나게 됨

출간

出 날 출 刊 새길 간
서적이나 회화 등을 인쇄하여
세상에 내놓음

수록

收 거둘 수 錄 기록할 록
모아서 기록하거나 책에 실음

무려

無 없을 무 慮 생각할 려
그 수가 예상보다 상당히 많음을
나타내는 말

신중하다

愼 삼갈 신 重 무거울 중 + 하다
매우 조심스러움

 이번 뉴스는 어떤 내용을 담고 있니? 짧게 써볼래?

'치맥'은 치킨과 맥주, '먹방'은
먹는 방송을 줄인 말이잖아.
친구들끼리 이렇게 줄여 쓰는
단어가 있니?

옥스퍼드 사전에 우리말이
한 번에 26개나 실린 이유는 뭘까?

우리가 흔히 쓰는 말 중
외국에서 온 단어 5개를
찾아볼까?
(예: 슬리퍼, 노트)

더 알아보기

Tip

◇ 옥스퍼드 영어사전

옥스퍼드 영어사전에 등재된 단어는 오른쪽 QR코드로 확인할 수 있어.
각 단어를 클릭하면 영어로 설명한 단어의 뜻을 볼 수 있어.
67쪽의 '김밥'과 '삼겹살'은 다음과 같이 설명하고 있단다.

김밥(kimbap)
A Korean dish consisting of cooked rice and other ingredients wrapped
in a sheet of seaweed and cut into bite-sized slices.

삼겹살(samgyeopsal)
A Korean dish of thinly sliced pork belly, usually served raw to be cooked by
the diner on a tabletop grill.

Movie

◇ 프로페서 앤 매드맨

옥스퍼드 사전이 만들어진 과정을 담은 영화가 있어.
실화를 바탕으로 한 영화인데, 아쉽게도 15세 이상 관람가란다.

Video

◇ 옥스포드사전 편집자, "세계 어디서나 '한국 단어' 인기"

옥스퍼드 영어사전을 만드는
편집자의 이야기를 담은 영상
이야.

남극에서 떠내려온 펭귄

뉴질랜드에 사는 해리 싱 부부가 바닷가를 걷다가 뒤뚱뒤뚱 걷고 있는 야생 펭귄 한 마리를 발견했습니다. 부부는 지쳐 보이는 펭귄을 지켜보다가 동물 구조대에 신고했고, 펭귄은 무사히 구조되어 안전한 해변으로 돌아갔습니다.

그런데 이 펭귄은 뉴질랜드에서 3,000킬로미터나 떨어진 남극 로스해에 서식하는 아델리(Adélie) 펭귄이었습니다. 키가 1미터도 채 되지 않는 펭귄 한 마리가 얼음으로 뒤덮인 남극 바다를 헤엄쳐 따뜻한 뉴질랜드까지 온 것입니다.

아델리 펭귄이 뉴질랜드에 나타난 것은 이번이 세 번째입니다. 최근 기후 위기 때문에 남극 바다의 수온이 상승하면서, 펭귄들의 먹잇감인 물고기가 점점 더 깊은 바다로 들어가고 있습니다. 이 때문에 어린 펭귄들이 먹이를 얻기 위해 치열하게 경쟁하다가 서식지에서 먼 바다까지 나가게 되는 것입니다. 연구에 따르면, 지구 온난화로 인해 생존의 위협을 받고 있는 남극 아델리 펭귄의 수는 향후 40년 안에 약 30퍼센트 감소한다고 합니다. 2099년에는 아델리 펭귄의 60퍼센트가 사라진다는 전망도 있습니다.

© 뉴질랜드 자연보호국 페이스북

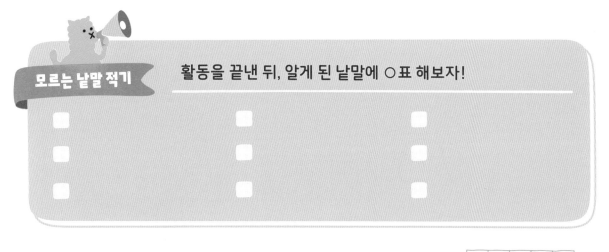

모르는 낱말 적기   활동을 끝낸 뒤, 알게 된 낱말에 ○표 해보자!

❖ 소리내어 읽었나요? ☑   쉬움 ←→ 어려움

69

배우기

1 뉴질랜드

✧ 뉴질랜드는 오세아니아에 있는 국가야. 수도는 웰링턴이란다.
뉴질랜드의 국기는 오스트레일리아 국기와 비슷해.

두 나라 국기를 비교해서 색칠해볼래? 74쪽에 힌트가 있어.

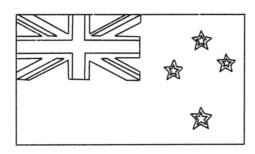

뉴질랜드

오스트레일리아

2 뉴질랜드와 남극

✧ 뉴질랜드와 남극 사이의 거리는 3,000킬로미터래.
서울에서 광주까지의 거리가 300킬로미터 정도야.

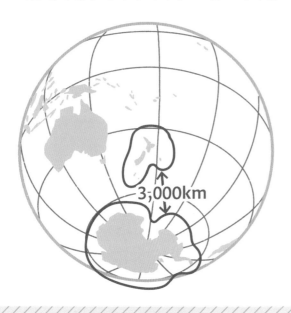

펭귄은 남극에서 뉴질랜드까지 왔잖아.
서울에서 광주까지 몇 번을
왔다 갔다 한 거리를 헤엄쳐 온 걸까?

 번

3 아델리 펭귄

◇ 아델리 펭귄은 남극 대륙에만 사는 펭귄이야.
몸길이는 약 75센티미터이고 짧은 다리,
지느러미 모양의 날개가 특징이야.
작고 귀엽게 생겼지만 성격은 좀 괴팍하대.
1840년에 프랑스 탐험가 쥘 뒤몽 뒤르빌이
처음 이 펭귄을 발견하여 자기 아내인
아델리(Adélie)의 이름을 붙여
아델리 펭귄이 되었다고 해.

만약 네가 처음 발견한 펭귄이 있다면
어떤 이름을 지어주고 싶어?

4 지구 온난화

溫	暖	化
따뜻할 온	따뜻할 난	될 화

◇ 지구가 점점 따뜻해지는 현상을 말해.
지구의 기온이 높아지는 건 온실가스 때문이야.

지구에 도달한 태양 에너지의 일부는 적외선 형태로 다시 우주로 빠져나가야 해.
그런데 온실가스가 적외선 일부를 흡수해버리는 거지.

적외선을 흡수한 온실가스는 안정 상태로 돌아가기 위해 에너지를 다시 내보내는데,
이 때문에 지구의 온도가 올라가는 거야.

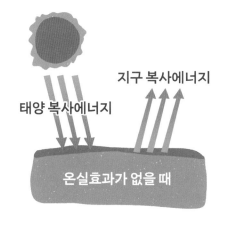

 # 써보기

단어장

야생

野 들 야 生 날 생
산이나 들에서 저절로 나서 자라는 일,
혹은 그런 생물

수온

水 물 수 溫 따뜻할 온
물의 온도

경쟁

競 다툴 경 爭 다툴 쟁
같은 목적에 대하여 이기거나 앞서려고
서로 겨룸

채

어떤 상태나 동작이 아직 이루어지지 않은
상태(예: 1미터도 채 되지 않는)

치열하다

熾 성할 치 烈 세찰 열 + 하다
기세나 세력 등이 불길같이 맹렬하다

향후

向 향할 향 後 뒤 후
이것에 뒤이어 오는 때나 자리

 이번 뉴스는 어떤 내용을 담고 있니? 짧게 써볼래?

이 펭귄은 왜 남극에서 3,000킬로미터나
떨어진 뉴질랜드에서 발견되었을까?

먼 길을 떠나온 아멜리 펭귄에게
해주고 싶은 말이 있어?

펭귄의 숫자가 줄어들지 않게 하려면
우리는 어떻게 해야 할까?

더 알아보기

Tip

◇ 국기 비교하기

뉴질랜드와 오스트레일리아 국기의 다른 점을 살펴볼까?

뉴질랜드

오스트레일리아

Video

◇ 남극 사는 아델리펭귄 '어리둥절'… 오다 보니 뉴질랜드?

유튜브 채널 : 14F 일사에프

남극에서 뉴질랜드까지 온 너무 나도 귀여운 아델리 펭귄 이야 기를 담은 영상이야.

◇ 온실효과란 무엇일까?

유튜브 채널 : 인터스텔라

온실효과와 온실가스에 대해 잘 설명한 영상이야. 지구 온난 화를 막기 위한 방법도 함께 이 야기 나누어봐.

8살 소년의 전쟁 일기

2022년, 러시아와 우크라이나의 전쟁이 몇 달 간 계속되었습니다. 러시아는 우크라이나 남부 마리우폴에 무차별 포격을 가했고, 많은 민간인들이 목숨을 잃었습니다. 그곳에 살던 8살 소년 예호르 크라브스토프의 삶에도 비극이 닥쳤습니다. 다니던 학교는 문을 닫았고 예호르는 할아버지의 집으로 피란을 갔습니다. 하지만 그곳도 안전하지는 못했습니다.

"할아버지는 3월 26일, 돌아가셨다. 나는 등에 상처가 났고 살갗이 찢어졌다. 누나는 머리를 다쳤고 엄마는 팔뚝이 찢어지고 다리에 구멍이 났다. 나는 여덟 살, 누나는 열다섯 살이다……."(여덟 살 소년 예호르의 일기 중에서)

할아버지는 죽은 반려견 두 마리와 함께 마당 정원에 묻혔습니다. 이후 예호르의 가족은 지하 벙커로 피신해, 버터 한 스푼과 견과류 한 움큼으로 하루를 견뎌야 했습니다.

마리우폴이 러시아군에게 점령당하자 예호르의 가족은 다시 키이우로 피란을 갔습니다. 그곳에서 영국의 한 기자와 만난 예호르는 이렇게 말했습니다. "집에 가고 싶어요. 다시 예전처럼 학교에 다니고 싶어요. 같이 놀던 친구들이 보고 싶어요."

© 영국 데일리 메일

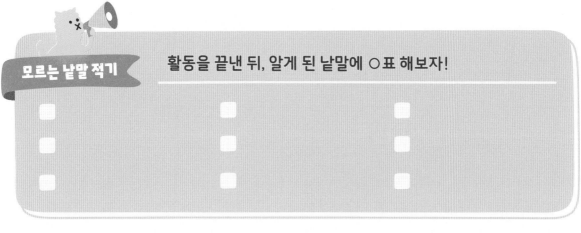

모르는 낱말 적기

활동을 끝낸 뒤, 알게 된 낱말에 ○표 해보자!

◇ 소리내어 읽었나요? ☑

쉬움 ←——→ 어려움

배우기

1 우크라이나

◆ 우크라이나는 유럽에서 러시아 다음으로 가장 넓은 나라야.
지리적으로는 유럽과 러시아를 이어주는 나라이기도 해.

기사 속 예호르는 마리우폴에서 키이우로 피란을 갔대.
피란 경로를 화살표로 지도에 표시해볼래?

2 포격

◆ '포격'이란 대포를 쏘았다는 뜻이야.

'무차별'은 가리지 않고 마구잡이임을 뜻하거든.
그렇다면 '무차별 포격'은 어떤 의미일까?

무차별 포격 ⇨

3 피란/피신

✧ 한자를 보고 피란, 피신의 뜻을 각각 생각해서 알맞게 선을 이어볼래?

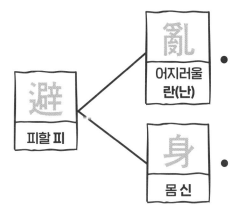

- 위험을 피해
  몸을 숨기는 일

- 난리를 피해
  옮기는 일

4 움큼

✧ '움큼'은 손으로 한 줌 움켜쥘 만한 분량을 세는 단위야. 그렇다면 이건 몇 움큼일까?

 쌀 [ ] 움큼   콩 [ ] 움큼

5 예호르의 일기

✧ 예호르의 글을 읽을 수는 없지만
그림을 보면서 이날의 일기는
어떤 내용일지 네가 짐작해서 써볼래?

⇨ [   ]

77

써보기

단어장

민간인

民 백성 민 間 사이 간 人 사람 인

관리나 군인이 아닌 일반 사람

비극

悲 슬플 비 劇 심할 극

인생의 슬프고 애달픈 일을 당하여
불행한 경우를 이르는 말

살갗

주로 사람의 살가죽 겉면을
지칭하는 말

반려견

伴 짝 반 侶 짝 려(여) 犬 개 견

한 가족처럼 사람과 더불어 살아가는 개

벙커

Bunker

적의 공격으로부터
사람이나 물건을
보호하기 위해 땅을 파서 만든 구덩이

점령

占 점령할 점 領 거느릴 령(영)

어떤 장소를 차지하여 자리를 잡음

✏️ 이번 뉴스는 어떤 내용을 담고 있니? 짧게 써볼래?

예호르는 지하 벙커에서 지내며
무슨 생각을 했을까?

To. 예호르

8살 예호르에게
편지 한 통을 써줄래?

From.

어떠한 경우에도 전쟁을 해선
안 되는 이유는 뭐라고 생각하니?

더 알아보기

Tip

✧ 예호르의 일기

예호르의 그림은 '가족과 함께하는 생일파티'를 상상해서 그린 거래.
이날의 일기에는 이런 이야기가 쓰여 있다고 해.

"잠에서 깨 어제처럼 웃었다.
마침 내 생일이 다가온다.
가족 중 어떤 사람들은 죽었기 때문에
천사처럼 날개가 생겼을 거다.
날개 중 하나는 우리 할아버지 거다."

Video

✧ 아이는 생일파티를 했을까… 8살 어린이의 우크라 전쟁일기

예호르의 일기 관련 뉴스 영상이야. 이때까지만 해도 일기의 주인공이 예호르라는 사실이 밝혀지지 않았어.

✧ 전쟁 전 삶으로 돌아가고 싶은 시민들의 염원

우크라이나의 전쟁 당시 상황 및 시민들의 염원을 담은 영상이야.

마스크 끈에 걸린 갈매기

13

제주도 바닷가에 버려진 일회용 마스크 때문에 고통 받는 갈매기의 모습이 카메라에 포착되었습니다.

해양환경단체 핫핑크돌핀스는 제주도 서귀포시 대정읍 해안가에서 일회용 마스크가 몸에 걸려 먹이 사냥에 어려움을 겪는 갈매기 한 마리를 사진과 동영상으로 촬영했습니다. 이 갈매기는 해안가 바위에 앉아 몇 시간 동안 마스크 끈을 빼내려고 했으나 결국 실패했습니다. 핫핑크돌핀스 활동가들이 가위 등 도구를 들고 접근해 도와주려 했으나 갈매기는 다른 곳으로 날아가 버렸습니다.

핫핑크돌핀스 관계자는 "버려진 일회용 마스크 때문에 생명에 지장이 생기지는 않을 것으로 보인다. 하지만 마스크가 몸에 엉키게 되면 위험해질 수 있다"라고 말했습니다. 동물보호단체들은 야생동물의 발목이나 날개 등에 마스크 끈이 묶이는 사고를 방지하기 위해서는 마스크를 버릴 때 귀에 거는 끈 부분을 반드시 가위로 잘라야 한다고 당부합니다.

우리가 함부로 버린 마스크, 비닐봉지, 플라스틱 제품 등의 일회용품이 작은 동물에게는 커다란 생존의 위협이 될 수 있음을 잊지 말아야 합니다.

ⓒ 핫핑크돌핀스

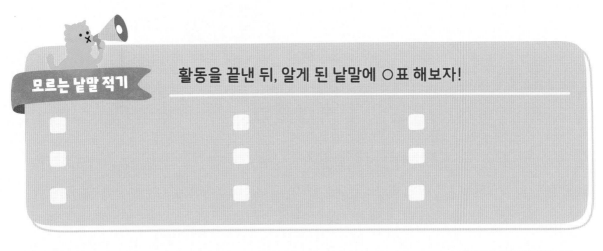

모르는 낱말 적기

활동을 끝낸 뒤, 알게 된 낱말에 ○표 해보자!

❖ 소리내어 읽었나요? ☑

쉬움 ←――→ 어려움

배우기

1 마스크

✧ 너만의 마스크로 꾸며볼래?

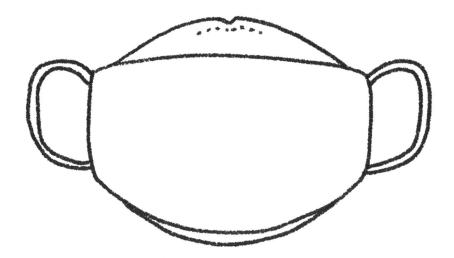

다 색칠한 후에는 마스크를 버릴 때 어떻게 해야 하는지 표시해보자!

2 핫핑크돌핀스

✧ 2011년에 만들어진 해양환경단체야.
  이런 해양환경단체는 주로 어떤 일을 할까?
  네 생각을 써볼래?

⇨ [   ]

'핫핑크돌핀스 활동가'는 이 단체에서 일하는 사람들을 말해.

3 지장

支 障
지탱할 지 | 막을 장

✧ '지장'은 어떤 일을 할 때 걸리적거리거나 방해가 되는 것을 뜻하는 말이야.

> **예시**
>
> **TV에 자꾸만 시선을 뺏겨서 숙제하는 데 지장을 받고 있다.**

너도 '지장'이라는 낱말을 넣어서 문장 하나를 만들어볼래?

⇨

4 십자낱말 맞히기

✧ 아래 낱말들은 모두 기사 속에 나와. 혹시 모르겠다면 기사를 다시 읽으며 찾아봐도 좋아! 가로 세로 힌트를 잘 보고 맞혀봐.

가로1
우리나라 남쪽에 있는 섬이야. 한라산이 있지.

세로2
일을 할 때 쓰는 연장을 통틀어서 칭하는 말이야.

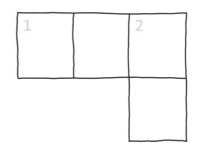

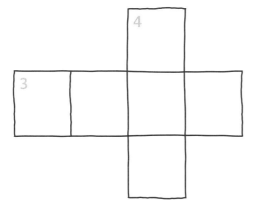

가로3
이건 열이나 압력으로 변형시켜 만든 고분자 화합물질인데, 요즘 이 쓰레기로 인해 지구가 아파하고 있어.

세로4
미세먼지가 심한 날, 이걸 꼭 쓰는 게 좋아. 코로나19 때문에 현대인의 필수품이 되었지.

써보기

단어장

포착
捕 잡을 포 捉 잡을 착
어떤 기회를 알아차림

해안가
海 바다 해 岸 언덕 안 + 가
바닷물과 땅이 서로 닿은 곳이나 그 근처

방지
防 막을 방 止 그칠 지
어떤 일이나 현상이 일어나지 못하게 막음

당부
當 마땅 당 付 줄 부
말로 단단히 부탁함

생존
生 날 생 存 있을 존
살아 있음

위협
威 위엄 위 脅 위협할 협
힘으로 으르고 협박함

 이번 뉴스는 어떤 내용을 담고 있니? 짧게 써볼래?

기사 속 갈매기는 어떻게 마스크 끈에
걸리게 된 걸까? 그림으로 그려도 좋아.

야생동물이 마스크 끈에 걸려
위험해지지 않도록 하려면 어떻게 해야 할까?

핫핑크돌핀스 활동가들은
갈매기에게서 마스크 끈을
빼기 위해 노력했지만
결국 실패했대.

너에게
마스크 끈을 뺄 수 있는
좋은 아이디어가 있니?

더 알아보기

Tip

✧ **마스크 버리는 방법**   출처 : 식품의약품안전처

| 1 마스크의 귀끈만 이용해 벗기 | 2 귀끈 자르기 | 3 바깥면을 안쪽으로 접기 | 4 끈으로 감기 | 5 종량제 봉투에 버리기 | 6 비누로 손을 깨끗하게 씻기 |

Video

✧ **일회용 마스크에 걸린 갈매기**

유튜브 채널 : 핫핑크돌핀스

마스크에 걸린 갈매기 모습을 담은 안타까운 영상이야.

✧ **내 입 떠난 마스크, 갈매기 발 묶고 문어 덮었다… 충격적인 바닷속 모습**

유튜브 채널 : 중앙일보

버려진 일회용 마스크의 심각성에 대해 이야기한 영상이야.

14

팝콘으로 만든 스티로폼

스티로폼의 대체품을 연구해오던 독일 괴팅겐대학교 연구팀이 팝콘에서 가능성을 발견했습니다. 옥수수 알갱이를 튀겨 만든 팝콘을 으깨어 틀에 넣고 뭉치면 스티로폼과 비슷한 물질을 만들 수 있다는 것입니다.

스티로폼은 가볍고 단열성이 뛰어나며 충격 흡수를 잘해서 단열재나 제품 포장재로 널리 사용됩니다. 하지만 썩지 않고 일회용으로 쓰고 버리는 경우가 많아 환경 오염의 주범이 되곤 합니다. 가벼운 스티로폼 쓰레기는 물에 쉽게 쓸려 바다까지 흘러가 해양동물의 입속으로 들어가기 때문입니다. 또 인화성이 있어 화재 시 매우 위험합니다.

팝콘으로 만든 대체 스티로폼은 가벼우면서도 자연 상태에서 생분해되기 때문에 환경을 오염시키지 않습니다. 또 스티로폼보다 불에 잘 타지 않아 건축자재로 사용하기에 안전합니다. 연구진에 따르면, 팝콘을 으깨어 뭉칠 때 생물에 해롭지 않은 접착제를 사용했기 때문에 대체 스티로폼을 동물의 먹이로 재활용할 수도 있다고 합니다. 괴팅겐대학교 연구팀은 팝콘 스티로폼을 단열재로 상용화하기 위해 독일의 한 건축 업체와 생산 계약을 체결했습니다.

© 괴팅겐대학교

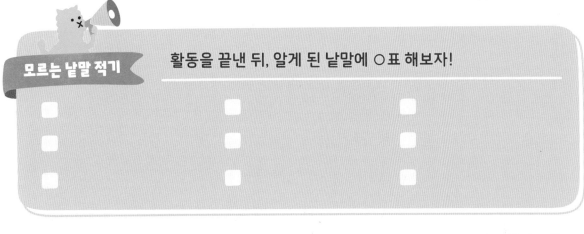

모르는 낱말 적기

활동을 끝낸 뒤, 알게 된 낱말에 ○표 해보자!

◇ 소리내어 읽었나요? ☑   쉬움 ←──→ 어려움

1 독일

◇ 독일에 대해 알아보자! 독일의 수도는 어디일까? ➪ _____

독일 국기를 그려볼까?
잘 떠오르지 않는다면 검색해봐!

◇ 독일에는 다양한 도시가 있어.

함부르크
브레멘 하노버
베를린
뒤셀도르프
괴팅겐 마그데
부르크
드레스덴
프랑크
푸르트
에르푸르트
하이델
베르크
슈투트가르트 뮌헨

지도에서 아래 세 도시를 찾아
색깔별로 ○표 해볼래?

○ 유럽에서 손꼽히는 현대 도시이자
고층 건물이 많은 프랑크푸르트

○ 노벨상 수상자를 40명 이상 배출한
괴팅겐대학교가 있는 괴팅겐

○ 바로크 양식의 건축물과 예술품 덕분에
'독일의 피렌체'로 불릴 만큼
아름다운 드레스덴

2 대체품

✧ 무엇을 대신하는 물건을 '대체품'이라고 해.
자, 그럼 너만의 대체품을 생각해보자.

지우개

장갑

3 인화성

✧ 불이 잘 붙는 성질을 '인화성'이라고 말해.
인화성물질에는 이렇게 경고 표시가 붙어 있어.
'가연성'도 비슷한 말이야.

4 생분해

✧ 미생물에 의해 완전히 분해되는 것을
'생분해'라고 해.
팝콘 스티로폼도 자연 상태에서
생분해된대. 과정을 살펴볼까?

써보기

단어장

단열

斷 끊을 단 熱 더울 열
물체와 물체 사이에 열이 서로 통하지
않도록 막는 것

단열성

단열 + 性 성질 성
물체와 물체 사이에 열이 서로 통하지 않도록
막는 성질

단열재

단열 + 材 재료 재
보온을 하거나 열을 차단할 목적으로
쓰는 재료

포장재

包 쌀 포 裝 꾸밀 장 材 재료 재
포장하는 데 쓰는 재료

건축자재

建 세울 건 築 쌓을 축 資 재물 자 材 재료 재
시멘트, 기와, 벽돌, 석회, 목재, 유리 등
건축에 쓰는 여러 가지 재료

상용화

常 항상 상 用 쓸 용 化 될 화
물건 등이 일상적으로 쓰이게 됨

 이번 뉴스는 어떤 내용을 담고 있니? 짧게 써볼래?

기존 스티로폼은
어떤 문제가 있지?

팝콘으로 만든
스티로폼의 장점을
모두 적어볼까?

괴팅겐대학교 연구진들은
팝콘 스티로폼으로
이런 제품들도 만들었대!

만약 팝콘으로 만든 스티로폼이 생산된다면
넌 그걸로 뭘 만들고 싶니? 그림으로 그려도 좋아!

더 알아보기

◇ **Aus Popcorn Möbel und mehr herstellen: Der Werkstoff der Zukunft? | Einfach genial | MDR**

유튜브 채널 : Einfach genial

우리말로 된 영상은 아니지만, 신문 기사에서 다루는 내용을 잘 담은 영상이란다. 팝콘을 으깨어 틀에 넣고 뭉쳐 제품으로 만드는 것까지 볼 수 있어.

◇ **순식간에 치솟은 화염… 불길 키운 '스티로폼 단열재'**

유튜브 채널 : SBS 뉴스

스티로폼 단열재의 화재 위험성에 대해 알아보기 좋은 영상이야.

◇ **생분해성 플라스틱의 분해과정을 추적하는 실험**

유튜브 채널 : YTN 사이언스

생분해성 플라스틱이 토양에서 어떤 방법으로 분해되는지 알아보는 실험 준비 과정을 담은 영상이야.

알프스산맥의 빙하가 녹고 있다

알프스산맥의 빙하가 빠르게 녹고 있습니다. 빙하가 무너질 우려가 있어 몽블랑과 융프라우 등의 유명 봉우리로 가는 등산로가 속속 폐쇄되었습니다. 보통 8월에 폐쇄되곤 했지만, 이상고온현상이 일찍 시작되면서 6월 말부터 폐쇄된 것입니다. 여름철에는 프랑스, 이탈리아, 스위스에 걸쳐 있는 알프스산맥의 대표 봉우리들에 관광객들이 몰려들기 때문에 안전을 위해 어쩔 수 없는 선택이었습니다. 실제로 이탈리아에서는 빙하가 무너지며 얼음과 바위가 관광객들을 덮쳐 11명이 목숨을 잃기도 했습니다.

스위스 취리히대학의 한 빙하학자는 "유럽 산맥의 빙하들이 예상보다 빨리 녹고 있다"라고 말했습니다. 지난 겨울 유난히 눈이 적게 내렸고, 올 여름에는 폭염이 계속되면서 눈 아래 있는 빙하를 보호해줄 적설량이 줄어들었기 때문입니다.

빙하가 녹으면서 그 안에 묻혀 있던 것들이 드러나 화제가 되기도 합니다. 융프라우 근처의 빙하에서는 무려 50여 년 전 추락한 비행기의 잔해가, 스위스 남부 헤센 빙하에서는 1970~80년대에 숨진 것으로 추정되는 유골이 발견되었습니다.

© pixabay

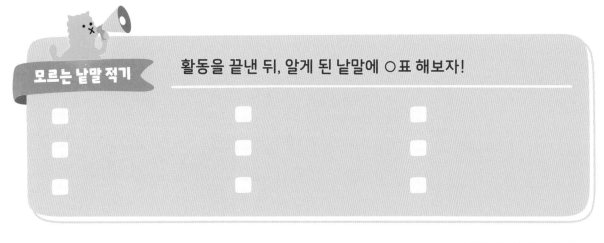

모르는 낱말 적기   활동을 끝낸 뒤, 알게 된 낱말에 ○표 해보자!

◈ 소리내어 읽었나요? ✓   쉬움 ←──→ 어려움

배우기

1 알프스산맥

✧ 유럽의 거대한 산맥이야. 가장 높은 봉우리를 가지고 있는 몽블랑 산은
프랑스와 이탈리아 국경에 걸쳐 있어. 산 위에 빙하가 존재할 정도로 높은 산맥이지.

핑크색으로 표시한 것이
알프스 산맥인데,
어느 나라를 지나고 있는지
모두 써볼래?

독일
리히텐슈타인
오스트리아
스위스
슬로베니아
프랑스
이탈리아

⇨

2 예년

✧ '예년'은 보통의 해라는 의미를 가지고 있어.
그렇다면 이 문장은 어떤 의미일까?

例	年
법식 례(예)	해 년

올해는 예년에 비해 비가 많이 왔다.

⇩

3 적설량

✧ '적설량'은 다음과 같은 한자로 이루어진 낱말이야.

積
쌓을 적

+

雪
눈 설

+

量
헤아릴 량

한자를 보면서 '적설량'의 뜻을 생각해서 써보자.

⇨

4 빙하학자

✧ '빙하'는 오랜 세월 동안 쌓인 눈이 변해서 만들어진 거대한 얼음덩어리잖아.
'빙하학'은 빙하 및 일반적인 얼음과 관련된 현상,
극지방 등을 연구하는 학문이란다.
'빙하학자'는 이 빙하학을 전공한 사람을 말해.

넌 빙하에 대해 궁금한 것이 있니?
빙하학자에게 질문할 수 있다면 무엇을 묻고 싶어?

⇨

써보기

단어장

속속

續 이을 속 續 이을 속
자꾸 잇따라서

이상고온현상

異 다를 이 常 항상 상 高 높을 고 溫 따뜻할 온
現 나타날 현 像 모양 상
정상적인 온도에서 벗어나 온도가
높아지는 현상

잔해

殘 남을 잔 骸 뼈 해
부서지거나 못 쓰게 되어 남아 있는 물체

폐쇄

閉 닫을 폐 鎖 쇠사슬 쇄
문 등을 닫아걸거나 막아버림

폭염

暴 사나울 폭 炎 불꽃 염
매우 심한 더위

유골

遺 남길 유 骨 뼈 골
죽은 사람을 태우고 남거나 무덤 속에서
나온 뼈

 이번 뉴스는 어떤 내용을 담고 있니? 짧게 써볼래?

알프스산맥의 빙하가

무너지는 이유는 무엇이니?

이상고온현상이
지속되면
지구에서는 또 어떤 일이
벌어질까?

빙하가 녹지 않으려면
어떻게 해야 할까?

더 알아보기

Book

♢ **빙하가 뚝!**

히말라야 깡충 거미의 기후 변화 미래 뉴스

신정민 글 | 김주리 그림 | 파란자전거 | 96쪽 | 11,900원

뜨거워진 지구를 식혀줄 전 세계 동물 통신원들의 행복한 미래 뉴스 이야기를 담고 있어.

Video

♢ **'자연온도계' 알프스산맥 빙하 무너져… 6명 사망**

폭염 때문에 빙하가 무너진 사고 뉴스를 담은 영상이야.

♢ **빙하 속 공기로 밝히는 기후 변화**

빙하 속 공기를 연구하여 미래 지구의 기온 변화를 예측 연구 하는 서울대 지구환경과학부 안진호 교수님 이야기를 담은 영상이야.

지구를 살리는 머리카락 매트

영국의 그린웨이브헤어살롱이라는 미용실에서는 잘라낸 손님들의 머리카락을 쓰레기통에 버리지 않습니다. 이곳을 운영하는 아델 윌리엄스는 바닥에 떨어진 머리카락을 모아 먼지 등을 떨어내고 특수 장비에 펼쳐 놓습니다. 기계를 작동시키면 친환경 머리카락 매트가 완성됩니다. 아델은 잘린 머리카락을 어딘가에 활용할 수 있겠다고 생각했고, 이 방법을 알게 된 후 머리카락 매트를 만들기 시작했습니다.

머리카락 매트는 강이나 바다에 유출된 기름을 흡수하는 데 아주 유용합니다. 실제로 지난 2020년 모리셔스 해변에서 대규모 기름 유출 사고가 있었는데, 이때 해변의 기름을 제거하기 위해 머리카락 매트가 사용되었습니다.

가로세로 약 60센티미터, 두께 약 3센티미터의 정사각형 매트 1장을 만드는 데는 머리카락 500그램이 필요합니다. 이 매트로 약 5리터의 기름을 흡수할 수 있습니다. 미국의 한 환경단체에 따르면 머리카락은 자기 무게의 5배 정도 되는 기름을 흡수한다고 합니다. 하지만 화학물질에 손상된 머리카락은 기름 성분을 흡수할 수 없습니다.

ⓒ 그린웨이브헤어살롱 페이스북

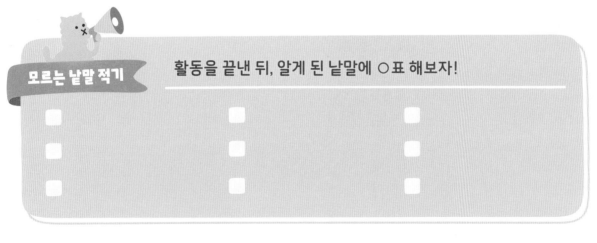

모르는 낱말 적기   **활동을 끝낸 뒤, 알게 된 낱말에 ○표 해보자!**

◇ 소리내어 읽었나요? ☑

쉬움 ←——→ 어려움

배우기

1 떨다/털다

❖ '떨다'와 '털다' 모두 '달려 있거나 붙어 있는 것을 떼어 내다'라는 공통의 의미를 가지고 있어.

떨다	달려 있거나 붙어 있는 것을 쳐서 떼어 내다.
털다	달려 있는 것, 붙어 있는 것 등이 떨어지게 흔들거나 치거나 하다.

그렇다면 어떻게 구분할까? '떨다'와 '털다'는 초점을 두는 부분이 달라.

 '쳐서 떼어 내는 데' 초점   '흔들거나 치는 데' 초점

❖ 그렇다면 먼지를 떨어내는 이 도구는 뭐라고 해야 할지 ○표 해봐.

예시   옷을 털어 먼지를 떨어야 해.   ⇨   먼지털이 ㅣ 먼지떨이

2 미용실

❖ 우리는 미용실에 가서 머리카락을 자르거나 손질을 해. 현재 너의 헤어스타일은 어때? 그리고 꼭 해보고 싶은 헤어스타일은 무엇인지 그림으로 알려줄래?

현재 헤어스타일

꼭 해보고 싶은 헤어스타일

3 리터/그램

 리터는 부피의 단위

 그램은 질량의 단위

✧ 신문 기사 속 내용을 다시 한 번 읽어보자.

> 가로세로 약 60센티미터, 두께 약 3센티미터의 정사각형 매트 1장을 만드는 데는 머리카락 500그램이 필요합니다. 이 매트로 약 5리터의 기름을 흡수할 수 있습니다.

머리카락 매트

1. 매트 1장을 만드는 데 머리카락 500그램이 필요함
2. 매트 1장은 약 5리터의 기름을 흡수할 수 있음

만약 잘린 머리카락이 1,000그램 있다면 기사 속 매트를 몇 장 만들 수 있을까? ➪ [   ] 장

머리카락 1,000그램으로 만든 매트로 기름을 얼만큼 흡수할 수 있을까? ➪ 약 [   ] 리터

4 배

✧ 일정한 수나 양이 그 수만큼 거듭되었음을 말할 때 '배'를 사용해.
'2배'면 2만큼 거듭되었다는 것이지. 수학의 '곱하기'라고 이해하면 돼.
아래 그림을 보고 알맞은 답을 찾아보자!

 의 3배

➪ 사과는 총 [   ] 개

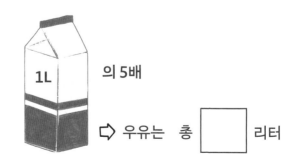 의 5배

➪ 우유는 총 [   ] 리터

101

 **써보기**

단어장

운영

運 옮길 운 營 경영할 영
조직이나 기구, 사업체 등을 운용하고
경영함

작동

作 지을 작 動 움직일 동
기계 등이 작용을 받아 움직임

친환경

親 친할 친 環 고리 환 境 지경 경
자연환경을 오염하지 않고 자연 그대로의
환경과 잘 어울리는 일

유출

流 흐를 류(유) 出 날 출
밖으로 흘러 나가거나 흘려 내보내는 것

흡수

吸 마실 흡 收 거둘 수
빨아서 거두어들임

유용

有 있을 유 用 쓸 용
쓸모가 있음

 이번 뉴스는 어떤 내용을 담고 있니? 짧게 써볼래?

머리카락 매트로
유출된 기름을 닦는 일 외에
또 무엇을 할 수 있을까?

우리 주변에 버려지는 것들로 매트를 만든다면
머리카락 외에 또 무엇으로 만들 수 있을까?

바다에 유출된 기름을 어떻게 닦아낼 수 있을까?
머리카락 매트 외에 다른 좋은 아이디어를 생각해볼래?

더 알아보기

Book

◈ **인어는 기름 바다에서도 숨을 쉴 수 있나요?**

유다정 글 | 박재현 그림 | 미래아이(미래M&B) | 34쪽 | 9,000원

태안 기름 유출 사건을 모티브로 하여 만들어진 책이야.
해양오염의 심각성을 깨닫게 해줄 거야.

Video

◈ **서해안에 일어난 비극, 2007년 태안 기름 유출 사건**

누가 이렇게 만들었을까? 5:59

유튜브 채널 : 사건현대사

2007년, 우리나라 서해에서 일어난 태안 기름 유출 사고 관련 영상이야.

◈ **버려진 머리카락으로 기름 유출 흡수 매트 만든다**

머리카락 매트 어디에 쓸까? BBC NEWS | 코리아 1:33

유튜브 채널 : BBC News 코리아

머리카락 매트가 만들어지는 과정과 기름을 흡수하는 장면을 볼 수 있어.

더위에 쓰러진 인도의 새들

2022년, 인도에서는 섭씨 50도에 육박하는 더위에 많은 사람과 동물들이 고통을 겪었습니다. 특히 수많은 새들이 더위를 견디지 못하고 쓰러졌는데, 한 동물병원에서는 4월 한 달 동안 2천여 마리의 새를 구조했다고 합니다. 기후 전문가들은 인도와 파키스탄을 덮친 이 폭염의 원인이 지구 온난화와 이에 따른 봄철 강수량 부족 때문이라고 분석했습니다.

대부분의 새들은 심각한 수분 부족을 겪고 나무에서 떨어져 날개가 다친 상태로 구조되었습니다. 동물병원으로 옮겨진 새들에게는 물을 주사기에 담아 부리 안으로 넣어주고, 종합 비타민제를 먹였습니다. 건강을 회복한 새들은 다시 야생에서 살 수 있도록 되돌려 보냈지만, 안타깝게도 구조된 새들 중 25퍼센트는 치료를 받는 도중 목숨을 잃었습니다.

인도의 시민들은 집 발코니나 창틀에 새들이 마실 수 있는 물을 놓아두기도 했습니다. 생물학자 아닌디타 바드라는 "우리가 더위에 쓰러진 새들을 위해 할 수 있는 최소한의 일은 물을 주는 것"이라며, "기후 위기의 현실을 직시하고 지구를 구하기 위해 적극적으로 행동할 필요가 있다"라고 강조했습니다.

© Jivdaya Charitable Trust 공식 페이스북

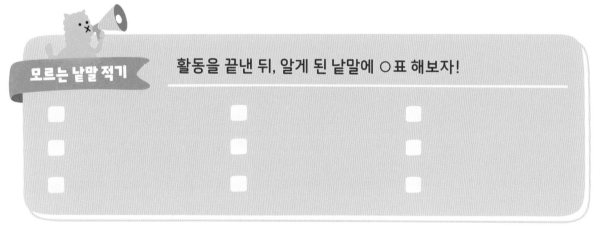

모르는 낱말 적기

활동을 끝낸 뒤, 알게 된 낱말에 ○표 해보자!

◆ 소리내어 읽었나요? ✓

쉬움 ←——→ 어려움

배우기

1 인도

◇ 남부아시아에 있는 나라야. 정식명칭은 인도공화국(Republic of India)이고,
인구가 세계 2위란다. 인도의 국토 면적은 세계에서 일곱 번째로 커.

위 지도에서 인도가 어디에 있는지 찾아서 색칠해볼래?
지구본을 살펴봐도 좋아. 인도는 이렇게 생겼단다!

인도의 국기를 색칠해볼래?

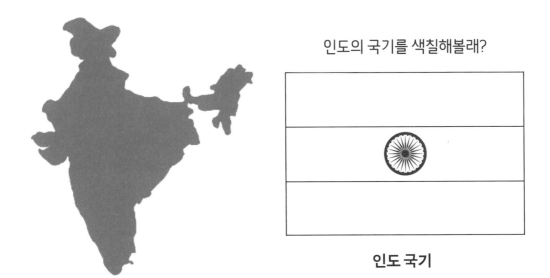

인도 국기

2 섭씨

❖ 우리는 물이 0도에서 얼고, 100도에서 끓는다고 알고 있잖아.
물의 어는점을 0도, 끓는점을 100도로 정한 온도 체계를
'섭씨'라고 해. 우리가 일반적으로 사용하는 온도의 단위지.
0도 아래로 내려가면 '영하 ~도'(− ~℃)와 같이 표시해.

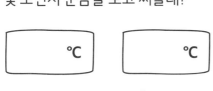

섭씨의
기호

❖ 아래 온도계는 섭씨를 나타내고 있어.
몇 도인지 눈금을 보고 써볼래?

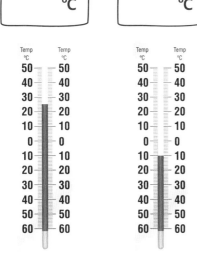

❖ 인도는 섭씨 50도까지 올라갔대.
아래에 표시해볼래?

3 육박

고기 육 | 엷을 박

❖ 바싹 가까이 다가붙은 걸 '육박'이라고 해. 주로 '육박하다'와 같은 표현으로 많이
사용해. 그렇다면 다음 문장은 어떤 의미일까?

콘서트 관중이 2만 명에 육박하였다.	숙제 마감일이 육박했어.
⇩	⇩

 # 써보기

단어장

구조

救 구원할 구 助 도울 조

재난 등을 당하여 어려운 처지에 빠진
사람이나 동물을 구해줌

강수량

降 내릴 강 水 물 수 量 헤아릴 량

비, 눈, 우박, 안개 등으로 일정 기간 동안
일정한 곳에 내린 물의 총량(단위는 mm)

분석

分 나눌 분 析 쪼갤 석

얽혀 있거나 복잡한 것을 풀어서 개별적인
요소나 성질로 나눔

생물학자

生 날 생 物 만물 물 學 배울 학 者 사람 자

생명을 가지고 스스로를 유지해나가는
동물, 식물, 미생물 등을 '생물'이라고 하는데
이를 연구하는 사람

직시

直 곧을 직 視 볼 시

정신을 집중하여 어떤 대상을 똑바로 봄

 이번 뉴스는 어떤 내용을 담고 있니? 짧게 써볼래?

오늘의 온도를 참고로, 우리나라가 섭씨 50도가
되면 어떤 일이 일어날지 상상해서 써볼래?

새들이 날다가 집 발코니나
창틀에 있는 물그릇을
발견하면 어떨까?

폭염으로 생명이 위태로워진 새들을 위해
우리가 할 수 있는 일은 무엇이 있을까?

더 알아보기

Video

✧ **인도 폭염이 충격을 주는 이유**

유튜브 채널 : MBCNEWS

2022년 인도를 덮친 폭염과 관련된 뉴스 영상이야.

✧ **뜨거운 지구… 전 세계 곳곳 이상 폭염의 원인·대응**

유튜브 채널 : YTN 사이언스 투데이

전 지구적인 폭염 현상을 알아보고 폭염 발생 원인과 대응까지 이야기하는 영상이야.

✧ **국기따라 세계탐험 | 인도 1편 | India**

유튜브 채널 : KBSKids

인도는 어떤 나라일까? 타지마할, 아잔타 석굴 벽화, 간디 등 인도를 대표하는 것들을 재미있게 설명해 주는 영상이야.

쓰레기 소각장 문제로 골치인 서울시

쓰레기 소각장 문제로 골머리를 앓아 왔던 서울시가 마포구 상암동에 하루 1천 톤의 쓰레기를 소각할 수 있는 새 소각장을 짓기로 했습니다. 소각장 건립을 반대해왔던 마포구 주민들은 이러한 서울시의 결정에 대해 계속해서 반발하고 있습니다.

환경부는 2026년부터 수도권에서 쓰레기를 소각하지 않고 봉지째 매립하는 행위를 금지하겠다고 발표했습니다. 서울시는 그동안 마포를 비롯해 노원, 양천, 강남구에 있는 소각장 네 곳에서 쓰레기를 소각해왔습니다. 여기서 소각하지 못한 쓰레기는 인천의 '수도권 매립지'로 보냈습니다. 그러나 이 매립지도 곧 가득 차서, 서울시 안에 소각장이 더 필요해진 것입니다.

서울시는 새 소각장과 청소차가 다니는 길을 지하에 만들어 악취나 매연 피해가 없도록 하고, 마포구에 원래 있던 소각장은 2035년에 철거할 예정이라고 발표했습니다. 그리고 소각장 지상에는 1천 억 원을 들여 놀이터, 수영장, 헬스장과 같이 주민을 위한 편의시설과 전망대, 놀이기구 등을 만들겠다고 약속했습니다. 그러나 마포구 주민들의 반응은 싸늘하기만 합니다.

© Unsplash

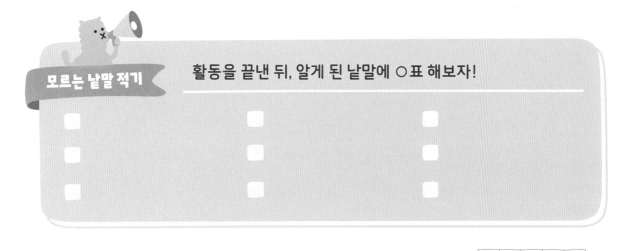

모르는 낱말 적기

활동을 끝낸 뒤, 알게 된 낱말에 ○표 해보자!

◇ 소리내어 읽었나요? ☑ 쉬움 ←→ 어려움

배우기

1 골치/골머리

✧ '골치'와 '골머리' 모두 '머리' '머릿속'을
뜻하는 말인데, 조금 속되게 표현한
거야. 그렇다면 다음 말들은
어떤 의미일까?

골치 아프다 ⟹

골머리를 앓다 ⟹

2 톤(t)/킬로그램(kg)

| 1톤 | = | 1킬로그램의 1,000배 |

| 1톤 | = | 1,000킬로그램 |

✧ 다음 질문에 알맞은 숫자를 써봐.
네가 태어날 당시, 몸무게가 몇 킬로그램이었니?

⟹ _____ kg

현재, 몸무게가
몇 킬로그램이니?

⟹ _____ kg

네 몸무게가 1톤이 되려면 몇 킬로그램이 더 필요하니?

⟹ _____ kg

3 기사 읽기

2026년부터 수도권에서 쓰레기를 소각하지 않고 봉지째 매립하는 행위가 금지됩니다.

✧ 쓰레기를 봉지째 매립하는 행위가 금지되는 건 지금으로부터 몇 년 뒤니?

⇨ [   ] 년 뒤

원래 있던 소각장은 2035년에 철거할 예정이라고 발표했습니다.

✧ 소각장은 몇 년 뒤에 철거가 될까?

⇨ [   ] 년 뒤

4 양/량

✧ 수량이나 분량에 대해 말할 때 '~양' 또는 '~량'이라고 하잖아.
어떤 규칙에 따라 '양'과 '량'이 붙는 걸까?

양 한자어로 표현할 수 없는 순우리말 뒤(예 : 소금양)
외래어인데 우리말처럼 쓰이는 말 뒤(예 : 칼슘양)

량 한자어 뒤(예 : 사용량)

그렇다면 다음 빈칸에는 '양'이 들어갈까? '량'이 들어갈까?

가스 [   ] 구름 [   ] 거래 [   ] 오줌 [   ]

 # 써보기

단어장

소각

燒 불사를 소 却 물리칠 각
불에 태워 없애버림

소각장

燒 불사를 소 却 물리칠 각 場 마당 장
쓰레기나 폐기물 등을 불에 태워
버리는 장소

건립

建 세울 건 立 설 립
건물, 기념비, 동상, 탑 등을
만들어 세움

매립

埋 묻을 매 立 설 립
우묵한 땅이나 하천, 바다 등을
돌이나 흙으로 채움

악취

惡 악할 악 臭 냄새 취
나쁜 냄새

철거

撤 거둘 철 去 갈 거
건물, 시설 등을 무너뜨려 없애거나
걷어치움

 이번 뉴스는 어떤 내용을 담고 있니? 짧게 써볼래?

114

마포구 주민들은 왜 쓰레기 소각장을
새로 못 짓게 할까?

네가 사는 동네에 쓰레기 소각장이
들어온다면 어떨 것 같니?

집에서 쓰레기를 줄이는 방법을 세 가지 적어볼래?

더 알아보기

Video

✧ 폐기물 처리는 이렇게_1편 종량제 봉투의 일생

유튜브 채널 : 수도권매립지관리공사

종량제 봉투에 담긴 생활 쓰레기가 어떤 과정을 거쳐 매립되는지 알려주는 영상이야.

✧ 쓰레기 소각 시설인데 랜드마크라는 이곳

유튜브 채널 : 크랩 KLAB

덴마크에 있는 소각장 이야기인데, 굉장히 흥미로울 거야.

✧ 여기가 쓰레기 처리장이라고? 소각장의 재발견

유튜브 채널 : MBCNEWS

경기도 하남의 종합 폐기물 처리 시설, 유니온파크를 소개한 영상이야. 쓰레기 소각장에 대한 편견을 깨줄 거야.

19

월드컵 역사상 최초의 여성 심판

2022년 카타르 월드컵에서 역사상 처음으로 여성 심판이 등장했습니다. 독일과 코스타리카의 경기에서 프랑스인 스테파니 프라파르가 본선 주심을 맡은 것입니다. 1930년 우루과이에서 열린 제1회 대회 이래 월드컵 역사상 여성 심판이 주심을 맡은 것은 이 대회가 처음입니다. 이날 부심 또한 여성 심판들이 맡았습니다.

그동안 축구는 남성 중심의 스포츠라는 인식이 강했고, 특히 월드컵 경기의 심판은 남성이 독차지해 왔습니다. 그러나 프라파르가 누구에게나 기회가 열려 있음을 보여준 것입니다. 프라파르는 여성 최초로 2019년 프랑스 프로 축구 리그1 심판이 됐고, 이듬해 12월 UEFA(유럽축구연맹) 챔피언스리그 경기 주심으로도 활약했습니다.

프라파르는 CNN 스포츠와의 인터뷰에서 "이 경기는 매우 놀랍다. 이제 나는 여성 심판들의 롤 모델이면서 나아가 사회나 기업의 여성들을 위해서도 더 많은 책임을 지게 된 것 같다"라고 말했습니다. 이날 경기를 펼친 독일 대표팀 감독은 프라파르 심판의 업적으로 보아 그는 이곳에 설 자격이 충분하다며 칭찬을 아끼지 않았습니다.

ⓒ AP통신

모르는 낱말 적기   활동을 끝낸 뒤, 알게 된 낱말에 ○표 해보자!

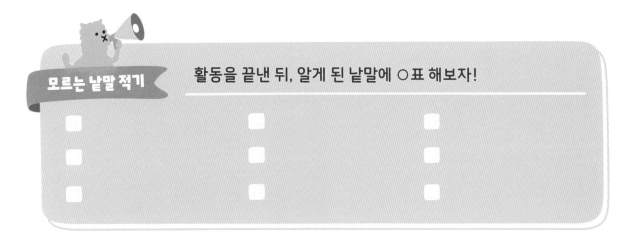

◇ 소리내어 읽었나요? ☑

쉬움 ←——→ 어려움

배우기

1 카타르 월드컵

✧ 4년마다 열리는 FIFA 월드컵은 전 세계인이 함께 어우러져 즐기는 스포츠 대회야. 2022년에는 '카타르'에서 열렸어.

카타르 국기를 색칠해볼래?

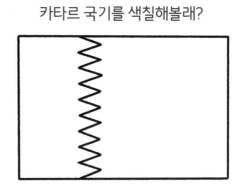

✧ '카타르'라는 나라에 대해 얼마나 알고 있니? OX퀴즈를 내볼게.

1. 우리나라와 기후가 비슷해. ☐

2. 수도요금, 전기요금, 의료비 교육비가 모두 무료야. ☐

3. 영토 크기는 우리나라랑 비슷해. ☐

2 롤 모델

✧ 해야 할 일(역할)이나 임무 등을 수행하는 사람들 중에 본받고 싶은 대상을 '롤 모델'이라 해.

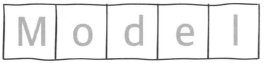

| R | o | l | e | 역할 |

| M | o | d | e | l | 모델 |

3 축구 심판

✧ 축구에서 경기 규칙을 잘 지키는지 살펴보고 잘잘못을 따지는 사람, 승패를 판정하는
사람을 '축구 심판'이라고 해. 빈칸에 알맞은 명칭을 써봐.

축구 경기 심판 구성	주심 … 1명
	부심 … 2명
	대기실 … 1명
	비디오 판독 심판진

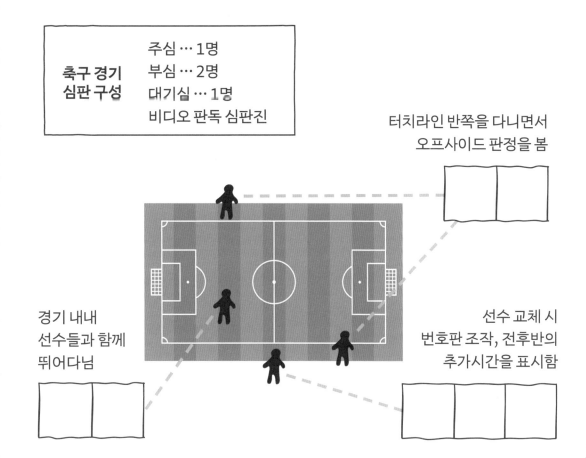

터치라인 반쪽을 다니면서
오프사이드 판정을 봄

경기 내내
선수들과 함께
뛰어다님

선수 교체 시
번호판 조작, 전후반의
추가시간을 표시함

4 인식

認	識
알 인	알 식

✧ 어떠한 사물이 다른 사물과 다르다는 것을 알아채고
판단하는 일을 '인식'이라고 해.

'인식'과 비슷한 낱말을 찾아볼까? 모두 찾아 ○표 해볼래?

분별   앎   지각   부탁   식성

써보기

단어장

본선

本 근본 본 選 가릴 선

경기나 대회에서, 예비 심사를 거쳐
우승자를 결정하기 위한 최종 선발

챔피언스리그

Champions League

유럽 최상위 축구 리그의 가장 우수한
축구 클럽들을 대상으로
유럽축구연맹이 주관하는 축구 대회

독차지하다

獨 홀로 독 + 차지하다

혼자서 모두 차지함

활약

活 살 활 躍 뛸 약

기운차게 뛰어다니거나 활발히 활동함

업적

業 업 업 績 길쌈할 적

어떤 사업이나 연구 등에서 세운 성과

 이번 뉴스는 어떤 내용을 담고 있니? 짧게 써볼래?

그동안 왜 월드컵에서
여성 심판을 볼 수 없었던 걸까?
네 생각을 적어볼래?

월드컵 역사상
최초의 여성 심판으로 활약한
프라파르 심판에게
어떤 말을 해주고 싶니?

앞에서 '롤 모델'에 대한
설명을 보았지? 너의 롤 모델은 누구니?
그리고 그 사람이 롤 모델인 이유는 무엇이니?

더 알아보기

Book

◇ **오, 필승! 월드컵 축구 대백과**

김성호 글 | 박재현 그림 | 사계절 | 116쪽 | 12,800원

경기 규칙과 기술, 전술 등 축구의 기본부터 축구와 월드컵의
사회학적 의미, 세계사 속에서 월드컵이 담당해 온 역할까지
의미 있게 담은 책이야.

Video

◇ **"유리천장 깨졌다" 월드컵 본선 경기 맡은 '첫 여성 주심'**

유튜브 채널 : KBS News

최초로 월드컵 본선 경기 주심
을 맡은 여성 심판, 스테파니
프라파르에 대한 영상이야.

◇ **축구 심판이 맨날 욕 먹는 이유**

유튜브 채널 : 보다 BODA

K리그 정동식 심판이 축구 심판
의 자질, 판정하기 어려운 유형
등 축구 심판의 이모저모에 대
해 설명해주는 영상이야.

발이 아픈 펭귄을 위한 맞춤 신발

미국 샌디에이고 동물원에 사는 네 살짜리 펭귄 루카스는 발에 혹이 생기는 실병을 앓고 있었습니다. 루카스는 혹 때문에 발에 상처가 생겨 제대로 걷지 못하고 오랫동안 고통받았습니다. 치료하지 않은 채로 그냥 두면 생명이 위태로워질 수도 있는 상황이었습니다. 동물원 사육사들은 진통제와 각종 치료 방법을 동원했지만 효과가 없었습니다. 게다가 다른 펭귄들은 발이 아픈 루카스를 외면하고 같이 놀아주지 않았습니다.

이를 안타깝게 여긴 동물원 사육사들은 전문 업체에 의뢰해 루카스를 위한 맞춤형 신발을 만들었습니다. 루카스가 모래 위를 걷게 한 다음, 모래에 남은 발 모양을 본떠 루카스만을 위한 특별 부츠를 제작한 것입니다. 색깔도 루카스의 발에 맞춰 검은색으로 만들었습니다. 루카스는 이 신발을 신고 고통 없이 걸을 수 있게 되었습니다.

동물을 아끼는 마음으로 만든 보조 기구 덕분에 루카스는 동물원의 다른 펭귄 친구들과 어울리게 되었고, 여자친구까지 생겼습니다. 루카스는 이제 바위 오르기, 수영, 둥지 만들기, 짝 찾기와 같은 활동을 자유롭게 하게 되었습니다.

ⓒ 샌디에이고 동물원

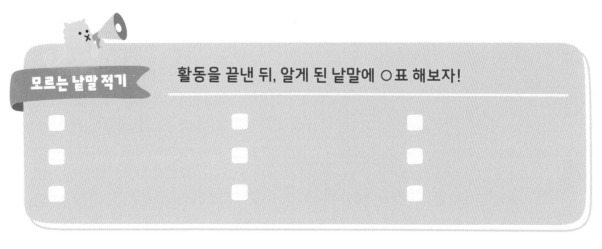

모르는 낱말 적기

활동을 끝낸 뒤, 알게 된 낱말에 ○표 해보자!

◇ 소리내어 읽었나요? ☑ | 쉬움 ←——→ 어려움

배우기

1 펭귄 루카스

✧ 펭귄 루카스는 '범블풋'(bumblefoot)이라는 질병을 앓았어. 이 병은 발의 여러 기능을 약하게 만들어. 3년 전에 이 진단을 받은 루카스는 척추 감염이 되었고, 그 이후로는 다리 근육이 약해져 발가락으로 똑바로 설 수 없었대.

펭귄을 색칠한 뒤 발을 그려줄래?

2 덕분에/때문에

✧ '덕분에'는 '베풀어준 은혜나 도움'에 대해 말하는 거야. '때문에'는 '어떤 일의 원인이나 까닭'에 대해 말할 때 써. 그래서 '덕분에'는 긍정적, '때문에'는 부정적인 의미로 흔히 사용하지. 그렇다면 각각 이어질 문장을 자연스럽게 써봐.

가족 덕분에 ⇨

가족 때문에 ⇨

3 본뜨다

◇ 대상을 두고 그대로 만드는 걸 '본뜨다'라고 해.

> 루카스가 모래 위를 걷게 한 다음, 모래에 남은 발 모양을 본떠 루카스만을 위한 특별 부츠를 제작한 것입니다.

모래에 찍힌 루카스의 발 모양은 어땠을까? 네가 그려볼래?

4 위태

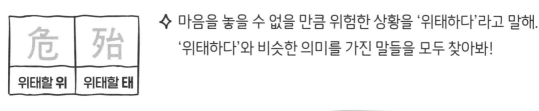

危	殆
위태할 위	위태할 태

◇ 마음을 놓을 수 없을 만큼 위험한 상황을 '위태하다'라고 말해. '위태하다'와 비슷한 의미를 가진 말들을 모두 찾아봐!

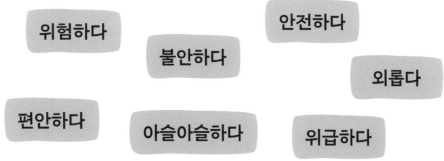

위험하다

불안하다

안전하다

외롭다

편안하다

아슬아슬하다

위급하다

써보기

단어장

질병
疾 병 질 病 병 병
몸의 온갖 병

각종
各 각각 각 種 씨 종
온갖 종류

동원
動 움직일 동 員 인원 원
어떤 목적을 달성하고자 사람을 모으거나
물건, 수단, 방법 등을 집중함

외면
外 바깥 외 面 낯 면
마주치기를 꺼리어 피하거나 얼굴을 돌림

의뢰
依 의지할 의 賴 의뢰할 뢰
남에게 부탁함

 이번 뉴스는 어떤 내용을 담고 있니? 짧게 써볼래?

기사의 내용을
네 컷으로 구성된 만화로
만들어볼래?

몸이 불편하거나
외모가 좀 다른 친구들에게 어떻게 대해야 할까?

루카스가 되어서
그날의 일기를 대신 써볼래?

발이 아픈 루카스는
특별한 부츠를 신었을 때
어떤 기분이었을까?

더 알아보기

Play

◇ 움직이는 펭귄 만들기

유튜브 채널 : 숲종이

준비물 : 종이컵, 색지, 건전지, 고무줄, 풀, 가위, 목공풀

영상을 보고 움직이는 펭귄을 만들어봐.

Video

◇ 'Loner' Penguin Given Life-Saving Booties To fit In At The Zoo

유튜브 채널 : TODAY

영어로 된 영상이긴 하지만 루카스의 소식과 신발을 만드는 과정이 나오니까 꼭 살펴봐.

◇ 이게 '진짜' 동물원이지! 샌디에이고 동물원

유튜브 채널 : 디.에스

미국 샌디에이고 동물원은 동물 복지를 고려한 아주 훌륭한 곳이라고 해. 이 동물원은 어떻게 운영하는지 살펴볼까?

튀르키예에 이어진 구호의 손길

2023년 2월 6일 새벽 튀르키예와 시리아를 강타한 강도 7.8의 강한 지진이 매우 심각한 피해를 남겼습니다. 5만 명이 넘는 사람이 사망했고, 경제적 손실도 우리 돈으로 100조 원을 넘겼습니다. 최근 20년 동안 발생한 지진 피해 가운데 여섯 번째로 큰 규모입니다.

튀르키예 재난위기관리청은 당시 피해 지역 건물을 점검한 결과 2만 5천 채가 심각한 손상을 입었다고 발표했습니다. 지진 발생 지역 생존자들은 영하의 추위를 견디며 임시 숙소에 모여 있었습니다. 임시 숙소에는 화장실이 부족해 위생 문제가 심각했고, 사람들은 전염병 위험에 노출되어 있었습니다. 식수와 식량이 부족하여 약탈 범죄도 발생했습니다.

전 세계 사람들은 삶의 터전을 한순간에 잃은 튀르키예 이재민들을 위해 구호의 손길을 보냈습니다. 주한 튀르키예 대사관은 현지에서 시급하게 필요한 구호 물품 목록을 SNS에 공유했습니다. 필요 물품은 겨울 의류, 우비, 부츠, 모자, 장갑, 양말, 텐트, 담요, 침낭, 보온병, 손전등, 통조림 식품, 기저귀 등이었습니다. 튀르키예는 한국전쟁 당시 참전해 우리나라를 도운 '형제 국가'인 만큼, 전국에서 시민들의 기부가 이어졌습니다.

© BBC

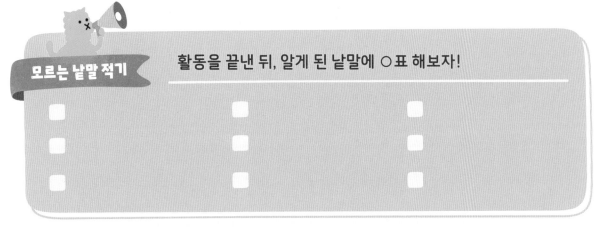

모르는 낱말 적기

활동을 끝낸 뒤, 알게 된 낱말에 ○표 해보자!

◇ 소리내어 읽었나요? ☑

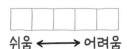

쉬움 ←——→ 어려움

배우기

1 튀르키예

✧ 우리가 '터키'라고 알고 있었던 이 나라의 이름은 이제
'튀르키예'야. 2022년 6월에 UN에서 터키의 국호 변경 요청을
승인했거든. 영어 발음인 '터키(Turkey)'는 튀르키예인과
아무런 상관이 없는 칠면조를 뜻하는 데다가
'겁쟁이', '패배자'라는 뜻도 가지고 있어서,
튀르키예의 발음 규정에 따라 이름을 바꾼 거야.

✧ 튀르키예 국기를 색칠해봐!

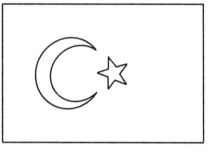

지진 발생 지역
●

튀르키예 국기　　　　　　　　**튀르키예 국토**

2 식수/식량

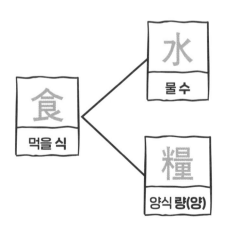

✧ 식수와 식량이 각각 어떤 뜻인지 적어볼래?

식수

식량

3 구호 물품

✧ 재해나 재난 등으로 어려움에 처한 사람을 돕고 보호하는 걸 '구호'라고 말해. 넌 누군가를 '구호'한 경험이 있니?

⇨

救	護
구원할 구	도울 호

✧ 다음 중 튀르키예에 필요한 구호 물품을 모두 골라 ○표 해봐.

텐트　　수영복　　양말　　기저귀

모자　　장갑　　손전등　　장난감　　담요

4 지진 강도

✧ 지진의 센 정도를 '강도'라고 해. 이번 튀르키예 지진의 강도는 어디에 해당할까? 기사를 다시 읽고 찾아볼래?

4~4.9	집이 흔들리고, 창문 등이 부서짐. 안정되어 있지 않은 물건들은 떨어짐.	5~5.9	서 있기가 힘들고, 가구들이 움직임. 벽에 붙여둔 것들이 떨어짐.
6~6.9	제대로 지어둔 구조물도 부서짐. 어설프게 지은 구조물은 무너짐.	7~7.9	땅이 쪼개지면서 건물 기초가 부서지고, 돌담 등이 무너짐.
8~8.9	다리 등 대형 구조물은 대부분 부서짐. 산사태가 발생함.	9 이상	건물 대부분이 부서지고, 철로가 휘고 땅에 단층이 발생함.

써보기

단어장

강타

強 강할 강 打 칠 타

태풍 등이 거세게 들이침을 비유적으로
이르는 말

손실

損 덜 손 失 잃을 실

잃어버리거나 축나서 손해를 봄

위생

衛 지킬 위 生 날 생

건강에 유익하도록 조건을 갖추거나
대책을 세우는 일

약탈

掠 노략질할 략(약) 奪 빼앗을 탈

폭력을 써서 남의 것을 억지로 빼앗음

이재민

罹 근심 리(이) 災 재앙 재 民 백성 민

재해를 입은 사람

시급

時 때 시 急 급할 급

시각을 다툴 만큼 몹시 절박하고 급함

 이번 뉴스는 어떤 내용을 담고 있니? 짧게 써볼래?

튀르키예 지진 피해자들이 겪은
어려움은 무엇이니?

튀르키예 지진 피해가들을 위해
네가 할 수 있는 일은 무엇이 있니?

지진으로 학교와 집을 잃은
튀르키예 친구들에게
어떤 말을 해주고 싶니?

더 알아보기

Book

✧ **땅이 흔들흔들 선생님이 알려주는 지진 이야기**

조영경 글 | 깊은나무 | 128쪽 | 15,000원

어린이들이 지진에 대한 기본적인 지식을 이해하여
평소 지진에 대비할 수 있도록 다양한 이야기를 담은 책이야.

Video

✧ **튀르키예 · 시리아 지진 피해 사망자 5만 명 넘어**

튀르키예와 시리아에 난 지진으로 인해 인명 피해가 얼마나 컸는지 설명하고 있는 뉴스 영상이야.

✧ **"이건 튀르키예 아니에요"… 모두를 울린 서툰 한국말**

튀르키예에 파견됐던 한국 긴급구호대의 귀국길 기내 모습을 담은 영상이야.

134

종이 택배 상자를 바꾼다고?

한 번 쓰고 버려지는 종이 택배 상자 문제가 심각해지고 있습니다. 지난 몇 년간 코로나 19로 비대면 소비가 폭증하면서 택배의 양도 크게 늘었습니다. 이에 따라 택배 상자의 사용량이 최근 3년 동안 20퍼센트 가까이 증가했습니다.

택배 상자는 가볍고 튼튼한 골판지로 만들어집니다. 가정에서 간편하게 받아볼 수 있다는 장점이 있지만, 자원 낭비와 환경오염을 낳는다는 지적이 있습니다. 정부는 플라스틱이나 부직포로 만들어 여러 번 쓸 수 있는 다회용 택배 상자를 2024년부터 본격적으로 활성화하겠다는 입장입니다.

그러나 다회용 택배 상자를 회수, 세척하여 다시 대여하는 과정이 번거로워서 사람들이 얼마나 이용할지는 미지수입니다. 게다가 플라스틱과 부직포가 또 다른 환경오염을 일으킬 수도 있습니다. 한국골판지포장산업협동조합에 따르면, 플라스틱 같은 포장재를 폐기할 때 매립이나 소각을 해야 하는데 이 과정에서 대기와 토양이 오염될 수 있다고 합니다. 일회용품 사용을 줄이려는 정책이 새로운 환경 문제를 낳을 수도 있다는 점에서 정부의 고민이 깊어지고 있습니다.

© pixabay

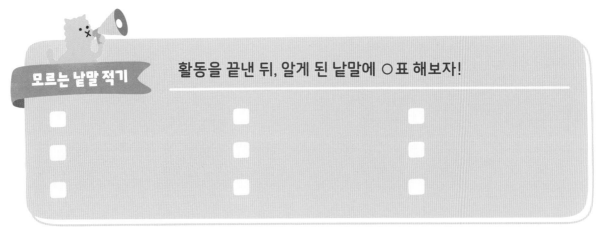

모르는 낱말 적기

활동을 끝낸 뒤, 알게 된 낱말에 ○표 해보자!

◇ 소리내어 읽었나요? ☑

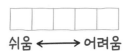

쉬움 ←——→ 어려움

1 대면/비대면

VS

대면이란 말 그대로 낯(얼굴)을
마주 대하는 일을 뜻해.

비대면은 '대면'에 '아닐 비' 한자가 붙어 있지.
즉, 사람과 마주하지 않아도 되는 일을 뜻해.

❖ 다음 중 '비대면 소비'에 해당하는 걸 모두 골라볼래?

 대형마트에서 장보기

 쇼핑앱에서 옷 구입

 백화점에서 쇼핑

 온라인 마트 세일상품
구입

2 일회용/다회용

❖ '일회용'은 한 번(1회) 사용하는 것을 말하잖아. 그렇다면 '다회용'은 어떻게 사용하는
걸 말하는 걸까? 한자 '다'의 뜻을 보고 '다회용'의 의미를 적어볼래?

다회용 ⇨

3 퍼센트

✦ 전체의 양을 100이라고 생각하고 어떤 양이 그중 몇이 되는지를 말하는 걸 '퍼센트(%)'
라고 해.

100퍼센트를 색칠해볼래?

40퍼센트를 색칠해볼래?

✦ 3년 전에 택배 상자가 이렇게 사용되었는데, 현재 사용량이 20퍼센트 증가했다면
몇 개가 사용되고 있을까? 그림으로 그려볼래?

4 미지수

✦ 미지수는 수학 용어이긴 하지만, 일상생활에서도 많이 쓰인단다.
'알지 못한다' '아직 모른다' 이런 의미로 쓰여.

영어로는

한자로는 무엇일까? 각각 둘 중에 알맞은 한자를 찾아 ○표 해봐.

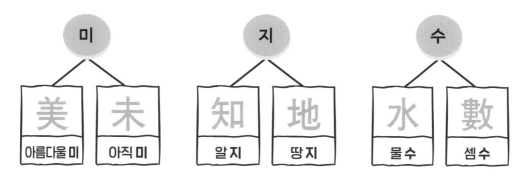

써보기

단어장

폭증

暴 사나울 폭 增 더할 증
갑자기 큰 폭으로 증가함

골판지

골 + 板 널빤지 판 紙 종이 지
판지의 한쪽 또는 두 장의 판지 사이에
물결 모양으로 골이 진 종이를 붙인 판지

활성화

活 살 활 性 성품 성 化 될 화
사회나 조직 등의 기능이 활발함

회수

回 돌아올 회 收 거둘 수
도로 거두어들임

세척

洗 씻을 세 滌 씻을 척
깨끗이 씻음

폐기

廢 버릴 폐 棄 버릴 기
못 쓰게 된 것을 버림

이번 뉴스는 어떤 내용을 담고 있니? 짧게 써볼래?

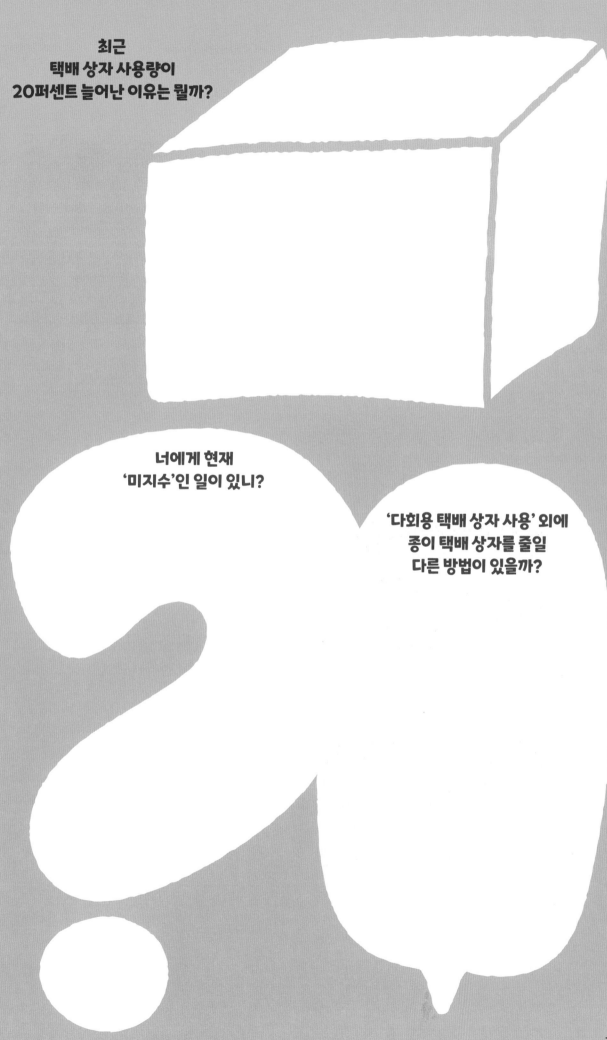

최근
택배 상자 사용량이
20퍼센트 늘어난 이유는 뭘까?

너에게 현재
'미지수'인 일이 있니?

'다회용 택배 상자 사용' 외에
종이 택배 상자를 줄일
다른 방법이 있을까?

더 알아보기

Book

✧ **상자 세상**

윤여림 글 | 이명하 그림 | 천개의바람 | 60쪽 | 15,000원

더 많이, 더 빨리 소비하는 삶에 익숙한 사람들에게 상자들이 보내는 유쾌한 이야기를 담은 그림책이야.

Video

✧ **종이 박스 올바른 분리배출 방법**

택배 박스 올바르게 버리는 법에 관한 영상이야.

✧ **택배 상자의 화려한 변신, 택배 상자 활용법!**

수납 바구니, 무드등 등 택배 박스를 활용한 다양한 만들기를 소개하는 영상이야.

23 플라스틱을 먹은 향유고래의 최후

2023년 1월 미국 하와이 카우아이섬에서 향유고래 한 마리가 사체로 발견되었습니다. 고래의 뱃속에서는 썩지 않는 각종 쓰레기가 나왔습니다. 하와이대학교 해양생물연구소의 조사에 따르면, 길이 17미터에 몸무게가 54톤인 이 수컷 고래의 뱃속에는 일곱 종의 그물, 여섯 개의 통발, 비닐봉지와 낚싯줄 등이 들어 있었습니다. 향유고래는 멸종위기종으로 분류되는 동물입니다.

크리스티 웨스트 박사는 '고래의 위장 안에서 오징어, 생선 등의 먹이 외에 플라스틱이 나왔고, 이것이 위장의 연결 부위를 막아 음식물 섭취가 어려워진 고래를 죽게 했을 것'이라고 추측했습니다.

무심코 버린 플라스틱이 바다에서 떠돌다가 고래를 해치는 일이 자주 발생하고 있습니다.

2022년에는 캐나다 노바스코샤주 해변에 14미터 길이의 향유고래가 떠내려왔다가 죽었는데, 이 고래의 뱃속에서도 150킬로그램에 달하는 플라스틱 쓰레기가 나왔습니다. 이런 불상사를 막기 위해서는 그물, 낚싯줄, 통발 같은 해양 쓰레기가 바다에 버려지지 않도록 법적으로 조치하고, 각종 생활 폐기물을 철저히 분리수거하려는 노력이 필요합니다.

ⓒ 하와이 국토천연자원부

모르는 낱말 적기

활동을 끝낸 뒤, 알게 된 낱말에 ○표 해보자!

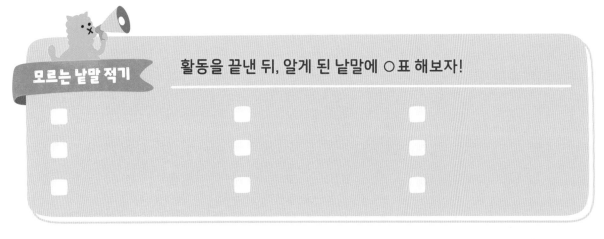

◆ 소리내어 읽었나요? ☑

쉬움 ←—→ 어려움

배우기

1 하와이 카우아이섬

✧ 카우아이섬(Kauai)은 하와이 제도에서 네 번째로 큰 섬이야.

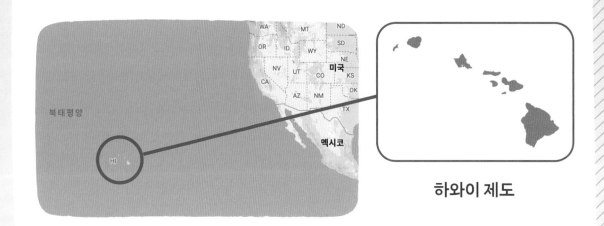

하와이 제도

향유고래가 발견된 카우아이섬은 이런 모양이야.

하와이 제도 지도에서 카우아이섬을 찾아 ○표 해봐.

2 사체

死	體
죽을 사	몸 체

✧ '사체로 발견된 향유고래'라는 말은 무슨 뜻일까?
한자 뜻을 보고 추측해서 적어볼래?

⇨

엘리베이터를 탔을 때 4층 표기가 '4'가 아닌 'F'로 된 것을 본 적 있니?
이는 숫자 '4(사)'의 발음이 한자 '죽을 사'의 발음과 같아서
사람들이 꺼렸기 때문이야. 옛날 사람들의 미신 같은 거지.

3 향유고래

✧ 향유고래는 이빨을 가진 동물로는 지구상에 존재하는 그 어떤 종보다 커.
  최대 몸길이는 20미터, 몸무게는 수십 톤에 이른다고 해.
  한번 색칠해볼래?

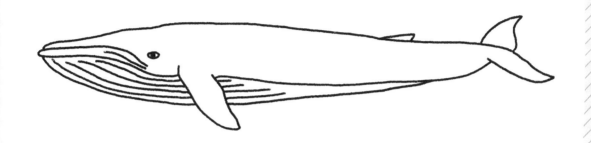

4 분리수거

✧ 쓰레기를 종류별로 나누어 버리는 것을 '분리수거'라고 해.
  어떤 쓰레기를 어디에 버려야 할지 아래 분리수거통에 각각 알맞게 적어봐.

써보기

단어장

통발

筒 통 통 + 발
통같이 만든 고기잡이 기구

위장

胃 위장 위 腸 창자 장
위와 창자를 아울러 이르는 말

섭취

攝 다스릴 섭 取 가질 취
생물체가 양분 등을 몸속에 빨아들임

추측

推 밀 추 測 헤아릴 측
미루어 생각하여 헤아림

불상사

不 아닐 불 祥 상서 상 事 일 사
상서롭지 않은 일

조치

措 둘 조 置 둘 치
벌어지는 사태를 잘 살펴서 필요한 대책을
세워 행함

 이번 뉴스는 어떤 내용을 담고 있니? 짧게 써볼래?

향유고래의 뱃속에서 발견된 것들을
모두 적어볼래?

기사 속 향유고래에게
하고 싶은 말이 있니?

이 향유고래가 겪은 것처럼 슬픈 일이
다시 일어나지 않도록 우리가 할 수 있는 건 뭘까?

더 알아보기

Book

✧ **고래를 삼킨 바다 쓰레기**

유다정 글 | 이광익 그림 | 와이즈만BOOKs | 40쪽 | 12,000원

쓰레기를 먹고 죽은 향유고래 이야기야. 환경 이슈 및 바다 쓰레기에 대해 다각도로 생각해볼 수 있을 거야.

Video

✧ **당신이 몰랐던 향유고래의 놀라운 진실들!**

향유고래의 머리는 왜 클까? 향유고래는 어떻게 먹이를 잡아먹을까? 향유고래에 대해 재미있게 잘 설명한 영상이야.

유튜브 채널 : 과학드림 [Science Dream]

✧ **죽은 향유고래 배에서 나온 끔찍한 것들**

이번 기사와 관련된 뉴스 영상이야.

유튜브 채널 : YTN

버려지는 휴대폰이 53억 대?

2022년 국제전자폐기물의 날을 맞이하여 비영리 단체 전자전기폐기물포럼(WEEE Forum)이 버려지는 휴대폰의 양을 추정하여 발표했습니다. 전 세계에서 사용 중인 휴대폰은 약 160억 대이며, 이 중 53억 대가 방치되거나 버려질 것으로 예측되었습니다. 지금까지 버려진 휴대폰을 위로 쌓아 올린다면 지상 약 5만 킬로미터에 달합니다.

휴대폰은 빙산의 일각입니다. 해마다 버려지는 전자폐기물은 무려 4,446만 톤입니다. 전자폐기물에는 금, 은, 구리처럼 재활용할 수 있는 자원도 들어 있지만, 대부분은 소각되거나 쓰레기장에 매립됩니다. 이 과정에서 수은과 중금속 같은 유해한 물질이 나와 토양을 오염시키고, 인간과 동식물에게도 영향을 미칠 수 있습니다.

보고서에 따르면 유럽에서는 1인당 평균 5킬로그램의 전자폐기물을 집안에 방치하고 있습니다. 포럼의 파스칼 르로이 사무총장은 "개개인은 적다고 생각할 수 있지만 전 세계적으로 계산하면 엄청난 양"이라고 말합니다. 최근 유럽연합 의회는 전자폐기물을 줄이기 위한 다양한 법안을 추진 중입니다.

© Unsplash

모르는 낱말 적기 활동을 끝낸 뒤, 알게 된 낱말에 ○표 해보자!

✧ 소리내어 읽었나요? ☑ | 쉬움 ←——→ 어려움

배우기

1 전자전기폐기물포럼

◇ 벨기에 브뤼셀에 본부를 둔 국제 비영리 단체야.
노랗게 표시한 각 단어의 첫글자만 써볼래?

The Waste	Electrical	and Electronic	Equipment	Forum
쓰레기	전기	전자	용품	토론회

☐ ☐ ☐ ☐ Forum

2 빙산의 일각

◇ 사진 속 빙산을 봐. 우리 눈에 보이는 건 물 위로
올라온 A부분뿐이야. 그런데 눈에 보이지는 않지만
물 아래로 더 큰 빙산 B가 있지.
이렇게 '어떤 일의 대부분이 숨겨져 있고 겉으로
드러나는 것은 일부분(일각, 一角)'이라는 의미로 말할 때
'빙산의 일각'이라는 표현을 써.

휴대폰은 빙산의 일각입니다. 해마다 버려지는 전자폐기물은 무려 4,446만 톤입니다.

위 기사 내용을 그림으로 표현한다면
빙산의 일각과 수면 아래에 있는 빙산은
각각 무엇을 나타낼지 써봐.

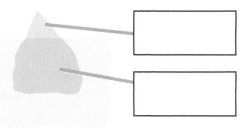

☐

☐

3 전 세계 인구

✧ 현재 전 세계 인구는 대략 80억 명이야.
전 세계에서 사용 중인 휴대폰은 약 160억 대라고 해.
왜 인구수보다 훨씬 많은 휴대폰이 사용되는 걸까? 네 생각을 적어볼래?

⇨

worldometers

전 세계에서 일어나는 일들에 대한 수치를 실시간으로 보여주는 사이트야.
QR코드를 통해 들어가서 현재 전 세계 인구가 몇 명인지,
오늘 판매된 휴대폰 개수는 몇 개인지 찾아서 써볼래?

현재 세계 인구 ⇨ [   ] 명

오늘 판매된 휴대폰 ⇨ [   ] 대

4 비영리

非	營	利
아닐 비	경영할 영	이로울 리

✧ '비영리'는 재산상의 이익을 얻지 않는 걸 말해.
수익금을 단체의 소유주나 주주에게 나눠주지 않고 모두 그 조직의 목적을 위해서만
쓰는 단체를 '비영리 단체' 혹은 '비영리 조직'이라고 해.

그렇다면 '비영리'의 반대말은 무엇일까? ⇨ [   ]

써보기

단어장

추정
推 밀 추 定 정할 정
미루어 생각하여 판정함

방치
放 놓을 방 置 둘 치
내버려 둠

수은
水 물 수 銀 은 은
상온에서 유일하게 액체 상태로 있는
은백색의 금속 원소

중금속
重 무거울 중 金 쇠 금 屬 속 속
철, 금, 백금 등의 금속을 통틀어 이르는 말

유해하다
有 있을 유 害 해로울 해 + 하다
해로움이 있음

추진
趨 달릴 추 進 나아갈 진
밀고 나아감

 이번 뉴스는 어떤 내용을 담고 있니? 짧게 써볼래?

휴대폰은 꼭 필요한 걸까?
휴대폰이 필요한 이유 세 가지를 써볼래?

해마다 버려지는 전자전기폐기물은
왜 지구에 해로울까?

너희 집에 안 쓰는
전자·전기용품은 무엇이 있니?
그것을 어떻게 처리하면 될까?

더 알아보기

Video

✧ 전자 쓰레기의 종착지, 어린이

전자 쓰레기의 종착지, 어린이   3:06
유튜브 채널 : EBS뉴스

전자 쓰레기가 어린이들의 건강까지 위협한대. 전자폐기물의 위험성에 대해 설명한 영상이야.

✧ 폐전자제품은 어떻게 버려야 하나요?

폐전자제품은 어떻게 버려야 하나요?   4:02
유튜브 채널 : 서울환경연합

홍수열 자원순환사회경제연구소장님이 전자제품을 제대로 버리는 방법에 대해 잘 설명한 영상이야.

✧ 전 세계에서 약 5,300만 톤이 버려지고 있다는 '쓰레기'의 정체

높으신 분들 얼굴을 쓰레기로 만든 이유   3:24
유튜브 채널 : 크랩 KLAB

영국 콘월에 쓰레기로 만든 조각상이 세워졌대. 버려지는 전자폐기물 이야기를 담은 영상이야.

런던으로 날아간 독도강치 그림

한글을 활용하여 살아 움직이는 동물들을 그리는 진관우 작가가 영국 런던에 있는 브릭레인 갤러리에서 작품을 선보였습니다. 'ㄱ(기역)'부터 'ㅎ(히읗)'까지 한글 자음 14개를 각각 14마리의 동물로 표현한 그림이 갤러리 한쪽 벽면을 가득 채웠습니다. 사진 속 작품은 독도강치를 그린 <기역, 기억>입니다.

어린 시절부터 동물을 좋아해 수의사를 꿈꿨던 진관우 작가는 영국의 유명한 동물학자 제인 구달 박사를 만나고 나서 생명 다양성을 알리는 일을 하기로 결심했습니다. 진관우 작가는 한글을 활용해 사라져가는 멸종위기종 동물을 그립니다. 반달가슴곰을 시작으로 따오기, 하늘다람쥐, 황제펭귄 등 지금까지 400여 점을 그렸습니다. 그림을 자세히 들여다보면 동물의 이름이 한글로 한 자 한 자 수놓듯 새겨져 있습니다.

진관우 작가는 이러한 작품들을 통해 동물 보호의 필요성과 한글의 소중함을 함께 알리고 있습니다. 그의 작품을 소개하는 인스타그램 '숨탄것들' 계정에는 '한글을 아끼고 동물을 사랑하자'라는 문구가 적혀 있습니다.

© 진관우 작가

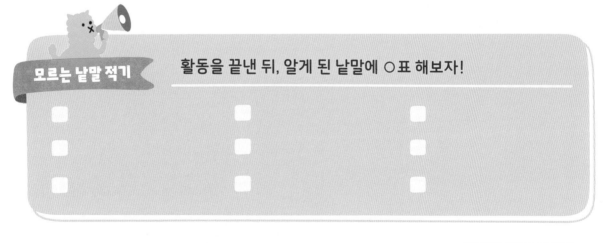

모르는 낱말 적기

활동을 끝낸 뒤, 알게 된 낱말에 ○표 해보자!

◇ 소리내어 읽었나요? ☑

쉬움 ←——→ 어려움

배우기

1 진관우 작가

◆ '숨탄것들'이라는 이름으로 멸종위기 동물들을 그리는 작가야.
'숨탄것'은 숨을 쉬고 살아 움직이는 동물을 통칭하는
순우리말이야. 숨탄것에 복수형 '들'을 붙여서 다양한 생물들을
의미하고 있대.

진관우 작가의 그림을 자세히 들여다보면 한글을 품고 있어.
다음 작품들에 숨어 있는 동물 이름을 찾아봐!

진관우 작가의 인스타그램
@animals_in_korean

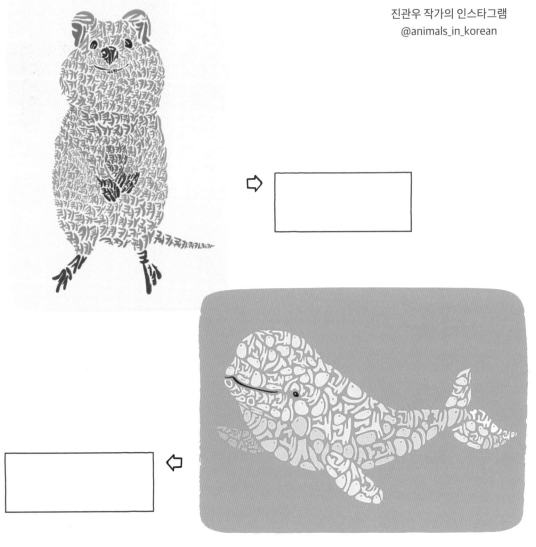

2 독도강치

✧ 바다사자의 일종으로 우리나라 동해안에
   서식하던 포유류 동물이야. 무리 지어 생활하며
   주로 어패류를 잡아먹는데 평균 수명은 20년이래.
   1800년대에는 동해안에 수만 마리가 서식했지만
   일본인들이 가죽과 기름을 얻기 위해 마구 잡으며
   멸종위기에 처했다고 해. 1972년 독도에서 발견된 이후, 1994년 멸종되어 지금은
   사진으로만 볼 수 있어.

진관우 작가가 그린 독도강치 작품명이 <기역, 기억>이잖아.
더욱 재미있는 작품명을 네가 지어볼래? 이왕이면 'ㄱㅇ' 초성을 넣어 지어봐~

ㄱ	ㅇ	⇨	

3 숨탄것들처럼

✧ '한글을 아끼고 동물을 사랑하자'는 숨탄것들처럼 우리도 작품을 만들어보자.
   ㄱ(기역)부터 ㅎ(히읗)까지 순서대로 써볼까?

ㄱ						
						ㅎ

좋아하는 동물을 그린 후, 원하는 글자로 채워볼래? 마치 숨탄것들의 작품처럼!

⇨

써보기

단어장

갤러리

gallery
미술품을 진열, 전시, 판매하는 장소

선보이다

물건의 좋고 나쁨을 가려보임

동물학자

動 움직일 동 物 물건 물 學 배울 학 者 사람 자
동물학을 연구하는 사람

제인 구달

제인 모리스 구달(Dame Jane Morris Goodall)
영국의 동물학자, 환경운동가,
침팬지 행동 연구 분야의 세계 최고 권위자

다양성

多 많을 다 樣 모양 양 性 성품 성
모양, 빛깔, 형태, 양식 등이
여러 가지로 많은 특성

 이번 뉴스는 어떤 내용을 담고 있니? 짧게 써볼래?

진관우 작가가
그림을 통해
알리고자 한 것이
무엇일까?

동물 보호의 필요성과
한글의 소중함을 또 어떤 방법으로
알릴 수 있을까?

진관우 작가가
동물학자 제인 구달을 만나고
꿈이 바뀌었다고 했지?

혹시 너도 누군가를 알게 되고
새롭게 생긴 꿈이 있니?

더 알아보기

◇ 이 동물은 곧 사라질 위기입니다

유튜브 채널 : 북툰

북극곰, 침팬지, 쟁기거북 등 멸종위기 동물 7종을 잘 소개한 영상이야.

◇ 멸종위기동물을 기억하는 신박한 방법 – 한글로 멸종위기종을 그리는 작가 진관우

유튜브 채널 : 진국월드

숨탄것들의 진관우 작가 인터뷰를 담은 영상이야.

◇ 독도와 함께 우리가 잊지 말고 복원해야 할 '독도강치'

유튜브 채널 : YTN

진관우 작가가 작품 <기억, 기억> 속 '독도강치'의 역사를 설명한 영상이야.

태국을 덮친 대기오염

태국을 덮친 대기오염으로 인해 호흡기 질환 환자가 140만 명을 넘어섰습니다. 대기질 분석업체 아이큐에어(IQAir)에 따르면, 태국의 수도 방콕은 세계에서 세 번째로 대기 오염이 심각한 도시입니다. 태국의 인기 관광지인 치앙마이는 2023년 3월 11~12일 이틀 연속으로 세계에서 공기가 가장 오염된 도시로 꼽히기도 했습니다.

이처럼 태국의 대기오염이 심각해진 데는 우선 계절의 영향이 큽니다. 태국은 비가 내리지 않는 건기에 대기오염이 더욱 심해지는 경향이 있습니다. 게다가 최근 산불이 발생했고, 논밭의 마른 풀을 태우는 과정에서 공기의 질이 나빠졌다고 합니다. 태국 당국은 적극적으로 산불을 진화하고 일부 지역에는 인공 강우를 시도 중입니다.

태국의 공중보건부는 초미세먼지 농도가 50 $\mu g/m^3$ 이상이면 마스크를 착용하고, 75$\mu g/m^3$ 이상이면 야외활동을 자제해야 한다고 당부했습니다. 또 방콕의 모든 보육원에 공기청정기를 설치하고, 임산부와 노약자, 어린이들에게 야외활동을 자제하고 실내에 머물 것을 권고했습니다. 상황이 더 심해지면 강제로 재택근무를 해야 할지도 모릅니다.

© 트위터

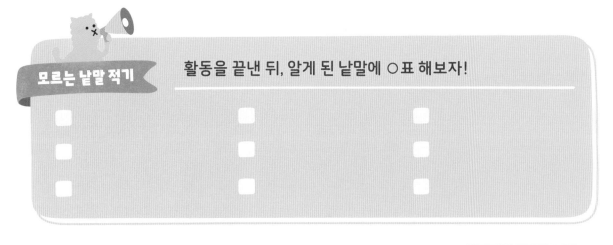

모르는 낱말 적기

활동을 끝낸 뒤, 알게 된 낱말에 ○표 해보자!

☐ ☐ ☐
☐ ☐ ☐
☐ ☐ ☐

✧ 소리내어 읽었나요? ☑

쉬움 ←——→ 어려움

배우기

1 호흡기 질환

✧ 일반적으로 숨을 쉬는 걸 '호흡'이라고 해.
정확히 말하자면 숨을 들이쉴 때 산소가 들어오고, 내쉴 때 이산화탄소를 배출하는
활동이지. '호흡기'는 기관지, 폐, 흉막 등 호흡 작용을 맡고 있는 기관이야.

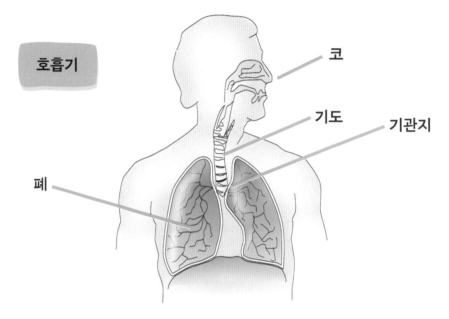

호흡기

코

기도

기관지

폐

'호흡기 질환'은 이 호흡기관 및 조직에 발생하는 질병이야.
감기, 독감, 폐렴, 천식 등이 여기 속해.

2 초미세먼지

✧ '미세먼지'는 대기 중에 떠다니거나
흩날려 내려오는 먼지를 말해.
코나 기관지에 걸러지지 않고 몸속에 스며들 수
있어서 위험해. '초미세먼지'는 미세먼지보다
훨씬 입자가 작아. 그래서 사람 몸속으로
더 깊숙이 침투하지.

3 태국/방콕

✧ 태국의 국기가 어떻게 생겼는지 알고 있니?
아래 국기에 색깔을 칠해볼래?

오른쪽 그림은 태국의 지도야.
태국의 수도 '방콕'이 어디에 있는지 찾아볼래?
검색해봐도 좋아!

4 건기/우기

✧ '기약할 기'는 '기약하다' '약속하다'라는 뜻을 가진 한자인데,
어떠한 기간을 나타낼 때도 사용해.

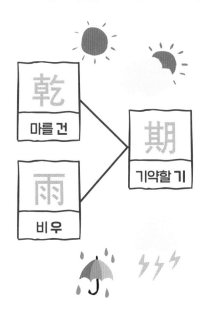

지속되는 날씨에 따라 '건기' '우기'라고 말해.
각각 어떤 날씨를 의미하는 걸까?

건기 ⇨

우기 ⇨

써보기

단어장

대기오염

大 클 대 氣 기운 기 汚 더러울 오 染 물들 염

인공적으로 배출되어 인간 생활에
나쁜 영향을 주는 매연, 먼지, 일산화탄소
등의 물질이 공기와 섞이는 일

아이큐에어

세계 최고의 공기질 솔루션 혁신업체이자
사람들을 대기 오염물질로부터 보호하고자
기술 개발을 하고 있는 스위스와 미국의 기업

➕ IQAir

인공 강우

人 사람 인 工 장인 공 降 내릴 강 雨 비 우

인공적으로 비가 내리게 하는 일

농도

濃 짙을 농 度 법도 도

어떤 성질이나 성분이 깃들어 있는 정도

자제

自 스스로 자 制 절제할 제

자기의 감정이나 욕망을 스스로 억제함

권고

勸 권할 권 告 고할 고

어떤 일을 하도록 권함

✏️ 이번 뉴스는 어떤 내용을 담고 있니? 짧게 써볼래?

현재 대한민국의 도시 중에서
가장 공기가 좋지 않은 곳은 어디일까?
그 이유는 무엇인지도 짐작해서 써볼래?

넌 무엇이 불편하니?

아래 QR 링크로 들어가면
아이큐에어에서 만든 실시간
'공해가 가장 심각한 도시 순위'를
확인할 수 있어.

대기오염을 막기 위해서 우리가 할 수 있는 일은 뭘까?

초미세먼지가 많아서
공기가 좋지 않은 날,
넌 무엇이 불편하니?

더 알아보기

Book

✧ **오늘도 미세먼지**

김민주 글·그림 | 미세기 | 48쪽 | 14,000원

미세먼지의 원인과 우리 건강을 지키는 법 등,
미세먼지에 대한 모든 궁금증을 해결해주는 환경 그림책이야.

Video

✧ **미세먼지와 초미세먼지는 무엇이 다른 걸까?**

미세먼지와 초미세먼지의 차이에 대해 잘 설명한 영상이야. 또한 미세먼지로 인한 피해를 줄이기 위한 방법까지 알려준단다.

✧ **인공 강우 기술의 실체와 근황**

인공적으로 비를 내리게 하는 인공 강우 기술에 대해 설명하는 영상이야.

여러 번 여닫을 수 있는 캔 뚜껑

지금까지 없었던 제품으로 세계에서 주목받는 우리나라 기업이 있습니다. 바로 열었다 닫았다 할 수 있는 개폐형 마개가 달린 캔 음료입니다. 이그니스라는 이 회사는 2021년 8월 개폐형 캔 뚜껑으로 국제 특허를 보유한 독일 기업을 인수해 이 기술을 활용한 다양한 제품을 출시하고 있습니다.

개폐형 마개를 사용한 캔 음료는 한 번 열면 끝까지 마셔야 하는 기존 제품들과 달리 오래 즐길 수 있습니다. 마개가 음료를 쏟거나 흘릴 위험을 줄여주어 운전, 쇼핑 중에도 자유롭게 마실 수 있고, 탄산도 덜 빠져나갑니다. 이그니스 박찬호 대표는 "이전에 없던 형태다 보니 소비자들이 재미있다고 느끼는 것 같다"라고 말했습니다.

이 제품은 환경보호에도 도움이 됩니다. 페트병의 재활용률은 7퍼센트, 알루미늄 캔의 재활용률은 75퍼센트입니다. 페트병보다 개폐형 마개가 달린 캔 음료를 더 많이 이용한다면 그만큼 플라스틱 쓰레기를 줄일 수 있습니다. 이그니스는 조만간 미국 시장에 진출해 개폐형 캔 뚜껑을 세계 표준으로 만들어 환경보호에 이바지하고 싶다는 포부를 밝혔습니다.

© 이그니스

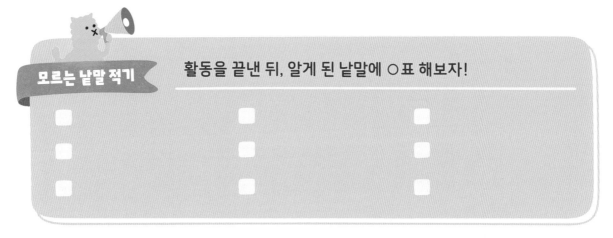

모르는 낱말 적기   활동을 끝낸 뒤, 알게 된 낱말에 ○표 해보자!

✧ 소리내어 읽었나요? ✓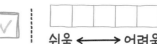

쉬움 ←——→ 어려움

배우기

1 이그니스(EGNIS)

✧ 푸드테크 기업 '이그니스'는 2014년에 세워진 기업으로 몇 가지 식품 브랜드를 운영하고 있어. 그 중 하나가 개폐형 마개가 달린 음료 브랜드 '클룹'이야.

랩노쉬

그로서리 서울

한끼통살

클룹

2 마개

✧ 음료를 마시기 위해 이렇게 뚜껑을 땄는데 다 마시지 못하면 이 음료는 어떻게 해야 할까?

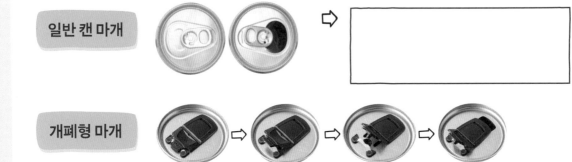

일반 캔 마개 ⇨ [   ]

개폐형 마개

✧ 이렇게 마개를 열고 닫을 수 있다면 이 음료는 어떤 장점이 있을까? ⇨ [   ]

3 개/폐

✧ 한자 '개'와 '폐'에는 공통된 한자가 들어가 있어. 찾았니?

'열다'는 의미가 담긴 한자 '개'는
문 안에 사람의 두 손이 그려진 형태란다.
문을 여는 행동이지.

'닫다'는 의미가 담긴 한자 '폐'는
문에 무언가를 끼워 넣은 모양이라고
생각하면 돼. 문에 빗장을 걸어둔 거지.

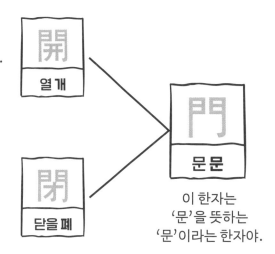

開
열 개

閉
닫을 폐

門
문 문

이 한자는
'문'을 뜻하는
'문'이라는 한자야.

4 재활용률

✧ 퍼센트는 어떤 양이 전체 양에 대해 '100분의 몇이 되는가'를 나타내는 단위야.
재활용률은 쓰레기 100개 중 얼만큼이 재활용되는가를 나타내는 거지.
재활용률에 대한 기사 내용을 다시 살펴보자.

페트병의 재활용률은 7퍼센트, 알루미늄 캔의 재활용률은 75퍼센트입니다.

페트병과 알루미늄 캔의 재활용률을 아래 도표에 각각 표시한다면?

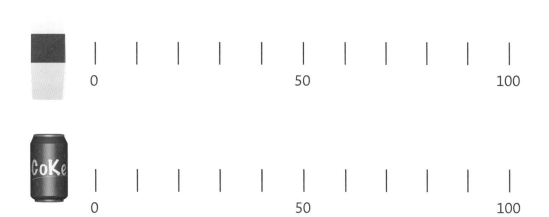

써보기

단어장

특허

特 특별할 특 許 허락할 허
새로운 발명이나 창의적인 아이디어를
보호하기 위한 권리

인수

引 끌 인 受 받을 수
물건이나 권리를 건네받음

진출

進 나아갈 진 出 날 출
어떤 방면으로 활동 범위나 세력을 넓혀
나아감

표준

標 표할 표 準 준할 준
사물의 정도나 성격 등을 알기 위한
근거나 기준

이바지

도움이 되게 함

포부

抱 안을 포 負 질 부
마음속에 지니고 있는, 미래에 대한
계획이나 희망

 이번 뉴스는 어떤 내용을 담고 있니? 짧게 써볼래?

넌 캔 음료 중에
무엇을 가장 좋아하니?
그 이유는 뭐야?

기사 속 개폐형 마개 말고
다른 형태의 캔 마개를 만든다면
넌 어떤 걸 개발하고 싶니?

일상생활에서 물건을 사용하면서 불편했던 경험이 있니?
있다면 어떻게 바꾸는 게 좋을까?

더 알아보기

✧ 알루미늄 캔은 어떻게 재활용 되나요?

유튜브 채널 : 서울환경연합

홍수열 자원순환사회경제연구
소장님이 알루미늄 캔의 재활용
과정에 대해 설명한 영상이야.

✧ 알루미늄 캔의 놀라운 디자인

유튜브 채널 : couchotaku

알루미늄 캔이 지금의 모습이
되기까지, 그 과학적 원리에 대
해 설명하는 영상이야. 'engi-
neerguy'라는 채널에 올라온
영상의 번역본이야.

✧ 이그니스, 타오르는 열정으로 친환경 식품회사 대표주자 꿈꾼다

유튜브 채널 : 이지경제TV

개폐형 마개를 단 음료를 만드
는 이그니스 박찬호 대표의 인터
뷰야.

점점 사라지는 섬나라, 투발루

남태평양에 있는 작은 섬나라, 투발루가 바닷물에 서서히 잠기고 있습니다. 지구 온난화로 인해 해수면이 해마다 4밀리미터씩 높아지고 있기 때문입니다. 과학자들은 앞으로 100년 후면 투발루가 바닷속으로 사라질 거라고 경고합니다. 지난 2022년, 투발루의 외교장관 사이먼 코페는 무릎까지 물이 차오른 바다에서 연설을 하며 심각한 상황을 세계에 알리기도 했습니다.

투발루 주민들은 당장 먹거리를 걱정하는 처지입니다. 해수면이 높아지며 채소나 과일을 심을 땅이 줄어들었고, 그마저도 바닷물 때문에 흙의 염분이 많아져 작물을 제대로 키울 수 없기 때문입니다. 다른 나라에서 흙과 비료를 공급받아 재배한 채소를 구하려고 새벽부터 줄을 서야 할 정도입니다.

투발루는 위기를 극복하기 위해 바다를 메워 새로운 땅을 만들고 있습니다. 하지만 이런 노력에도 불구하고 해수면이 계속 높아진다면 투발루는 다른 나라의 땅을 사야 합니다. 투발루는 영토가 사라져 국민이 뿔뿔이 흩어진다면 전 세계 어디에 국민이 있든 국가의 역할을 할 수 있는 '디지털 국가' 설립도 고려하고 있습니다.

© UNDP

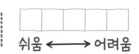

모르는 낱말 적기

활동을 끝낸 뒤, 알게 된 낱말에 ○표 해보자!

☐ ☐ ☐
☐ ☐ ☐
☐ ☐ ☐

◇ 소리내어 읽었나요? ☑   쉬움 ←→ 어려움

배우기

1 투발루

◇ 투발루의 국기를 찾아서 아래 그림을 색칠해볼래?

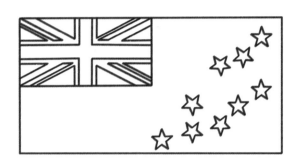

투발루

투발루는 오세아니아의 섬나라야. 하와이와 오스트레일리아 사이에 위치해 있어.
아홉 개의 큰 섬으로 이루어졌는데 각각의 큰 섬은 여러 개의 작은 섬을 가지고 있어.

◇ 투발루의 모습을 담은 두 사진인데 총 다섯 곳이 달라. 찾아볼래?

2 염분

鹽	分
소금 염	나눌 분

◇ 바닷물에 포함된 소금기를 '염분'이라고 해.
다음 중 더 염분이 높은 건 무엇일까?

A : 소금이 100이 든 바닷물   ⇨ ☐

B : 소금이 50이 든 바닷물

3 해수면

✧ '표면'은 어떠한 사물의 가장 바깥쪽,
가장 윗부분을 뜻하는 말이야.
'해수면'은 바로 바닷물의 표면을 가리키지.
그렇다면 아래 그림에서 해수면은 무엇일까?
찾아서 ○표 해봐.

海	水	面
바다 해	물 수	낯 면

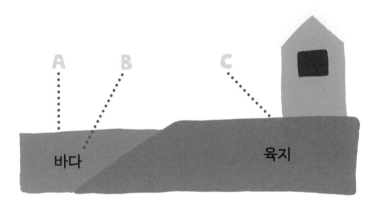

4 밀리미터(mm)

✧ 밀리미터는 길이의 단위야. 미터(m)를 천 분의 일로 나눈 거야. $1m = 1000mm$

또 센티미터(cm)를 십 분의 일로 나눈 거야. $1cm = 10mm$

1밀리미터에 표시해봐.

해수면이 매년 4밀리미터씩
높아지고 있대.
4밀리미터에 표시해봐.

그 다음 해 해수면은
얼마나 높아질까?
표시해볼래?

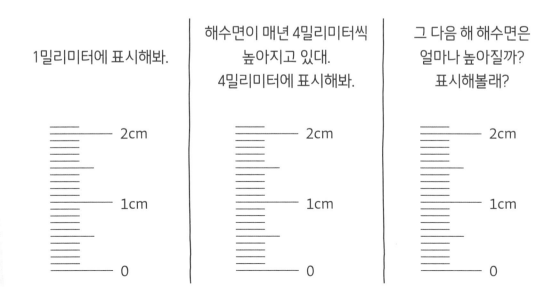

 써보기

단어장

남태평양
南 남녘 남 太 클 태 平 평평할 평 洋 큰바다 양
태평양의 남반부, 적도 이남의 부분

연설
演 펼 연 說 말씀 설
여러 사람 앞에서 자기의 주의나 주장
또는 의견을 진술함

작물
作 지을 작 物 물건 물
논밭에 심어 가꾸는 곡식이나 채소

재배
栽 심을 재 培 북을 돋울 배
식물을 심어 가꿈

영토
領 거느릴 령(영) 土 흙 토
국제법에서, 국가의 통치권이 미치는 구역

고려
考 생각할 고 慮 생각할 려(여)
생각하고 헤아려봄

 이번 뉴스는 어떤 내용을 담고 있니? 짧게 써볼래?

투발루의
심각한 상황을 알리기 위해
무릎까지 물이 차오른
바다에서 연설을 한
사이먼 코페 외교장관은
어떤 마음이었을까?

투발루 사람들은
땅이 바닷물에 잠기는 상황을
이겨내기 위해 어떤 노력을 하고 있니?

만약에 우리나라의
영토가 사라진다면
너는 어떻게 하겠니?

더 알아보기

Book

◈ 투발루에게 수영을 가르칠 걸 그랬어

유다정 글 | 박재현, 이예휘 그림 | 미래아이 | 32쪽 | 14,000원

아홉 개의 섬 중 두 개의 섬이 바다 아래로 가라앉은
투발루의 이야기를 담은 그림책이야.
환경 문제의 심각성을 일깨워줄 거야.

Video

◈ 투발루 장관의 수중 연설… "물에 잠겨도 국가 인정받나요"

기사에 등장하는 투발루 외교장
관 사이먼 코페의 화상 연설 영
상이야.

◈ 온실가스의 주범도 아닌데 섬나라라는 이유로 온난화의 피해를
온 국토로 받아내고 있는 국가, '투발루'

지구 온난화로 바닷물에 잠기고
있는 투발루의 현실을 잘 담은
영상이야.

날짜   년   월   일

돈이 되는 쓰레기, 수거합니다

전국 곳곳에 설치된 순환자원(재활용품 쓰레기) 수거함이 사람들의 관심을 끌고 있습니다. 수거함 투입구에 알루미늄 캔, 플라스틱 일회용 컵, 우유 종이팩 등 재활용이 가능한 쓰레기를 넣으면 포인트가 적립됩니다. 현재 순환자원 수거 서비스를 하는 기기는 '네프론', '오늘의분리수거' 등이 있습니다.

2016년부터 서비스를 시작한 '네프론'은 점점 그 수가 늘고 있습니다. 지금까지 페트병 2억 2천만여 개, 캔 9천만여 개 이상을 수거해왔습니다. '오늘의분리수거'는 자동판매기처럼 생긴 기기로, 재활용 쓰레기를 넣으면 인공지능 카메라가 쓰레기의 유형을 인식한 후 애플리케이션(앱)으로 포인트를 지급해줍니다. 포인트로는 앱 안의 '오분쇼핑'을 통해 커피, 피자, 우유 등을 구입할 수 있습니다.

재활용 쓰레기 수거함이 인기를 끄는 것은 분리수거와 동시에 현금처럼 쓸 수 있는 포인트가 지급되는 일석이조의 효과를 거둘 수 있기 때문입니다. 분리수거 과정이 마치 '놀이' 같다는 의견도 있습니다. 한 시민은 "쓰레기를 재활용하는 데 그치지 않고, 재활용한 만큼 포인트로 돌려받을 수 있다는 부분이 좋다"라고 말했습니다.

ⓒ 오늘의분리수거

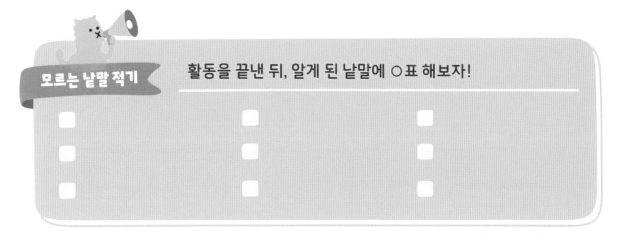

모르는 낱말 적기

활동을 끝낸 뒤, 알게 된 낱말에 ○표 해보자!

◇ 소리내어 읽었나요? ☑ | 쉬움 ←——→ 어려움

177

배우기

1 곳곳

❖ 미로를 통과하다 보면 '곳곳'과 뜻이 비슷한 낱말을 만나게 될 거야.
   보면서 '곳곳'의 뜻도 잘 생각해보자!

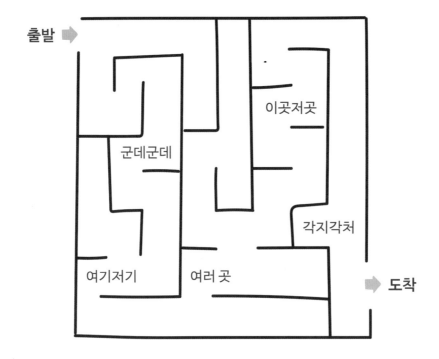

출발 ➡

이곳저곳

군데군데

각지각처

여기저기   여러 곳   ➡ 도착

2 순환자원

循	環	資	源
돌 순	고리 환	재물 자	근원 원

❖ 순환자원은 자연에서 가져온 자원들 중에서 다시 사용될 수 있는 자원을 말해.

자원순환의 대표적인 이미지인데 왜 이렇게 만든 걸까?
네 생각을 써볼래?

⇨ [   ]

3 네프론&오늘의분리수거

✧ 재활용과 재사용을 실천하는 사람들에게 보상을 제공하는 기계야.

'네프론' 투입구에 쓰레기를 넣으면
이렇게 자동으로 모양과 종류를 인식해.

오분 쇼핑

✧ '오늘의분리수거' 앱 속 오분 쇼핑에는 다양한 상품이 있단다.
네가 만약 포인트 3,000점을 쌓았다면 어떤 물건을 사고 싶어?

⇨ [   ]

[N] 대나무 칫솔	롯데)아이시스8.0(500ML)	방향제(아이스팩 업사이클링)	[N] 선풍기 커버(폐현수막 업...	업사이클링 에코백
Ⓟ **800P**	Ⓟ **200P**	Ⓟ **450P**	Ⓟ **800P**	Ⓟ **3000P**

---

4 일석이조

一	石	二	鳥
한 일	돌 석	두 이	새 조

✧ 동시에 두 가지 이득을 볼 때 '일석이조'라고 해. 빈칸에 알맞은 숫자를 써봐.

돌 [   ] 개를 던져 새 [   ] 마리를 잡는다는 뜻

써보기

단어장

적립

積 쌓을 적 立 설 립(입)
모아서 쌓아 둠

수거

收 거둘 수 去 갈 거
거두어 감

유형

類 무리 류(유) 型 모형 형
성질이나 특징 따위가 공통적인 것끼리
묶은 하나의 틀

지급

支 지탱할 지 給 줄 급
돈이나 물품 등을 정해진 몫만큼 내줌

구입

購 살 구 入 들 입
물건 따위를 사들임

 이번 뉴스는 어떤 내용을 담고 있니? 짧게 써볼래?

어떤 것들이 순환자원이 될 수 있을까?
집안의 물건을 살펴보면서 써볼래?

돈이 아닌 다른 걸 적립해준다면
무엇이 좋을까?

네프론이나 오늘의분리수거
기계는 쓰레기를 넣으면
앱에서 사용할 수 있는 돈을
포인트로 적립해주잖아.

재활용 쓰레기를
효과적으로 수거할 수 있는
너만의 아이디어가 있어?

더 알아보기

Video

◇ '오늘의분리수거' 소개

유튜브 채널 : 오이스터에이블 OYSTERABLE

'오늘의분리수거' 기계에 대한 홍보 영상이야. 어떤 식으로 운영되는 서비스인지 잘 알 수 있을 거야.

◇ 지구를 지키는 영웅들에게 혜택을 주는 기업이 있다?

유튜브 채널 : KTV 국민방송

친환경 스타트업 기업 '오이스터에이블'에서 '오늘의분리수거'라는 앱(기계 포함)을 만든 건데, 이 회사의 배태관 대표 인터뷰 영상이야.

◇ 자원순환, 무엇이든 물어보세요 Q&A 영상

유튜브 채널 : 인천광역시

순환자원(자원순환)에 대한 여러 가지 궁금증을 해결해주는 영상이야.

장수거북을 보호해주면 나라 빚을 깎아준다고?

가봉이 멸종위기종인 장수거북, 혹등고래 같은 해양생물과 해양 생태계를 보호하는 조건으로 나라 빚 5억 달러(약 6,700억 원)를 탕감받았습니다. 가봉은 그동안 다른 나라로부터 5억 달러를 빌려 썼는데, 그 돈을 미국 은행인 뱅크오브아메리카(Bank of America)가 대신 갚아주는 계약을 체결한 것입니다.

가봉은 아프리카 대륙의 서쪽 해안에 있는 나라입니다. 가봉에는 멸종 위험에 처한 해양생물 126종이 살고 있습니다. 현재 가봉은 바다의 26퍼센트를 보호구역으로 지정해 관리하고 있는데, 이번 계약 이후 보호구역을 30퍼센트로 확대해야 합니다. 또 빚을 탕감받은 대신 2038년까지 1억 6,300만 달러를 해양생물 보호에 써야 합니다.

가봉 대통령 알리 봉고 온딤바는 "이번 계약으로 점점 심각해지는 기후 위기와 해양 생태계 보호 문제를 해결할 수 있는 기회를 만들었다"라고 말했습니다. 가봉과 같은 개발도상국은 나라 빚이 많지만 그 빚을 갚을 능력이 없습니다. 파괴되는 생태계를 지키기 위해서라도 선진국과 글로벌 은행들의 도움과 배려가 필요합니다.

© WildAid Marine

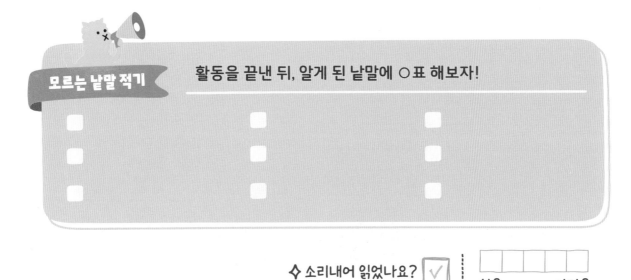

모르는 낱말 적기　　활동을 끝낸 뒤, 알게 된 낱말에 ○표 해보자!

◇ 소리내어 읽었나요? ☑　｜　쉬움 ←———→ 어려움

배우기

1 가봉

✧ 가봉은 중앙아프리카에 위치한 나라야. 수도는 '리브르빌'이란다.
열대 기후에 속하고 풍부한 자연환경을 갖추고 있어서 국립공원이 13개나 있지.

가봉 국기를 색칠해볼래?

2 멸종위기종

✧ 멸종위기종 해양생물인 장수거북과 혹등고래를 각각 찾아 선을 이어봐.

장수거북　　　　　혹등고래

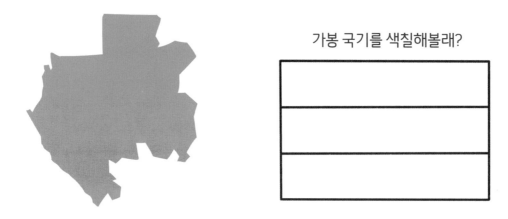

3 가봉의 상황

✧ 기사 속 가봉의 상황을 정리하여 빈칸에 들어갈 말을 써봐.

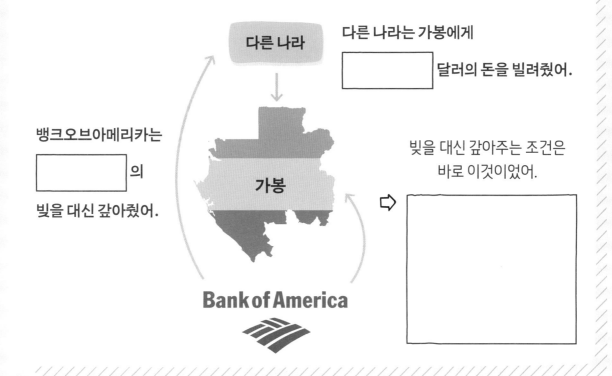

다른 나라

다른 나라는 가봉에게

[   ] 달러의 돈을 빌려줬어.

뱅크오브아메리카는

[   ]의

빚을 대신 갚아줬어.

가봉

빚을 대신 갚아주는 조건은
바로 이것이었어.

Bank of America

4 보호구역

✧ 멸종될 위기에 처한 생물을 보호하기 위해 생물을 잡는 것이 금지된 지역을 말해.

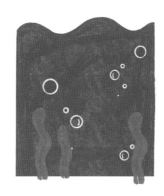

현재 가봉은 바다의 26퍼센트를
보호구역으로 지정해 관리해오고 있었어.
계약 이후 보호구역을 30퍼센트까지 확대해야 하지.
이 내용을 그래프로 나타내볼래?

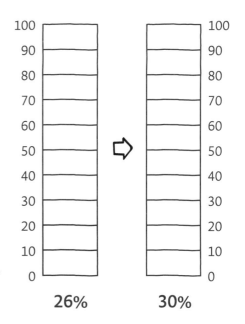

26%   30%

185

써보기

단어장

생태계

生 날 생 態 모양 태 系 이을 계

어느 환경 안에서 사는 생물들과
그들과 서로 영향을 주고받는
주변의 무생물 환경을 묶어서 부르는 말

빚

남에게 빌려 써서 갚아야 할 돈

탕감

蕩 방탕할 탕 減 덜 감

빚이나 요금, 세금 등 물어야 할 것을
뭉개어 없애주는 것

체결

締 맺을 체 結 맺을 결

계약이나 조약 등을 공식적으로 맺음

개발도상국

開 열 개 發 필 발 途 길 도 上 위 상 國 나라 국

산업의 근대화와 경제 개발이 선진국에 비하여
뒤떨어진 나라로, 과거에는 후진국이라 불림

 이번 뉴스는 어떤 내용을 담고 있니? 짧게 써볼래?

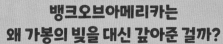

뱅크오브아메리카는
왜 가봉의 빚을 대신 갚아준 걸까?

가봉은
멸종위기에 처한
해양생물 보호를 위해
어떤 일을 해야 할까?

선진국과 글로벌 은행들은
파괴되는 생태계를 위해
다른 어떤 일들을 할 수 있을까?

더 알아보기

Book

✧ **바다거북 코에 빨대가 꽂혀 있습니다**

김황 글 | 이리 그림 | 풀과바람 | 96쪽 | 12,000원

우리가 보호해야 할 해양동물, 바다거북 이야기를 담은
그림책이야. 바다거북의 종류, 특징, 보호 방법까지
다양한 이야기를 알게 될 거야.

Video

✧ **신세계와 같은 적도 가봉의 열대 생태계**

유튜브 채널 : 환경스페셜

가봉의 열대 생태계에 대한 이
야기를 담은 영상이야.

✧ **"따뜻해서 왔어요"… '멸종위기종' 푸른바다거북 첫 포착**

유튜브 채널 : 채널A 뉴스

세계적인 멸종위기종 푸른바다
거북이 우리 해양국립공원에서
헤엄치는 장면을 담은 영상이야.